與時間賽跑

—擺脫瞎忙的40個法則—

life

生命・生活・生涯

精神・活力・新生

發現生命的價值　肯定生命的可貴

國家圖書館出版品預行編目資料

與時間賽跑:擺脫瞎忙的40個法則／王淑俐著.－－初版二刷.－－臺北市：三民，2012
面；　公分.－－(LIFE系列)

ISBN 978-957-14-5290-6　(平裝)

1.時間管理 2.生活指導

177.2　　98021384

© 與時間賽跑
——擺脫瞎忙的40個法則

著作人	王淑俐
插畫設計	胡鈞怡
責任編輯	林怡君
發行人	劉振強
著作財產權人	三民書局股份有限公司
發行所	三民書局股份有限公司
	地址　臺北市復興北路386號
	電話　(02)25006600
	郵撥帳號　0009998-5
門市部	(復北店) 臺北市復興北路386號
	(重南店) 臺北市重慶南路一段61號
出版日期	初版一刷　2010年1月
	初版二刷　2012年10月
編號	S 521080

行政院新聞局登記證局版臺業字第〇二〇〇號

ISBN　978-957-14-5290-6　(平裝)

Life

叢書出版緣起

現代人處在緊張、繁忙的生活步調中，在承受過度心理壓力而不自知的情況下，逐漸形成生理與心理疾病，例如憂鬱、躁鬱、失眠等，這種種的問題，不僅呈現在個人的身心層面，更可能演變成為家庭破碎的悲劇，甚至耗費莫大的社會成本。我們從近年來發生的自殺、家暴、卡債族、失業問題等種種新聞中，不難發現問題的嚴重性，這些可能正發生在你我身邊的真實生命故事，也讓許多人不禁發出「我們的社會究竟怎麼了」的喟嘆！

面對著一個個受苦而無助的靈魂，我們能夠為他們做些什麼？而身為對社會具有責任的文化出版者，我們又能為社會做些什麼？這一連串的觀察與思考，促使我們更深刻地反省，並澄清我們的意念，釐清我們想帶給社會一些什麼樣的東西，讓臺灣的社會，朝向一個更美好、更有希望，及更理想的未來。以此為基礎，我們企畫了【LIFE】系列叢書，邀集在心理學、醫學、輔導、教育、社工等各領域中學有專精的專家學者，共同為社會盡一分心力，提供社會大眾以更嶄新的眼光、更深層的思考，重新認識自己並關懷他人，進而發現生命的價值，肯定生命的可貴。

要解決問題，必須先面對問題、瞭解問題，更要能超越問題。從這個角度出發，【LIFE】系列叢書透過「預防性」與「治療性」兩種角度，對現代人所遭遇的心理與現實困境，提出最專業的協助，給予最真心的支持。跳脫一般市面上的心理勵志書籍、或一般讀物所宣稱「神奇」、「速成」的效用，本叢書重視知識的可信度與嚴謹性，並強調文字的易讀性與親切感，除了使讀者獲得正確的知識，更期待能轉化知識為正向、積極的生活行動力。

值得一提的是，參與寫作的每位學者，不僅在學界與實務界學有專精，最令人感動的是，在邀稿過程中，他們與三民同樣抱持著對人類社會的理想與熱情，不計較稿酬的多少，願對人們的身心安頓進行關照，共同發心為臺灣社會來打拼。我們深切地期望三民【LIFE】系列叢書，能成為現代人的心靈良伴，讓我們透過閱讀，擁有更健康、更美好的人生。

三民書局編輯部　謹識

推薦序一

王淑慧

當姐姐要我寫序時，我真是受寵若驚，一看到書名更是「大吃一驚」。對於我這個時間欠管理、一年到頭都是「忙與盲」，只知努力工作，卻不懂得有效工作的人來說，真是如獲至寶，像是讀到祕笈般的喜悅。在詳讀書中四十個章節後，章章入我心，原來工作與生活，也可以過得這麼有品質又輕鬆！

這是一本自己與內心對話、與時間共處的管理書，值得每一個人花一點時間去讀，就可以贏得更多時間的實用好書。如書中所說：時間管理，就是學習兼顧生活的所有面向，從計劃「理想的一天」進而經營「理想的一生」，誰不想擁有理想的一生呢？

「管理」就是要「管」也要「理」，管要從自我開始，理則需要用對方法、理出頭緒，才會有效率，才可讓時間增值。學生時期做時間管理，是為了應付大小考試；出了社會，為了完成主管交辦的任務，又開始做「工作預定進度表」。我曾在外商公司工作，任何事都需要提供數據、量化，將所有公司預定的目標，經由日報表、週報表及月報表，不斷進行檢核與追蹤。表表相扣無非是要在有限的時間裡，做最有效的運用。

讀完這本書後，我才發現自己活了四十多年，卻沒有好好地以自己為出發，作好「生涯與時間管理」。如姐姐書中所說：「現在不做，明天就會後悔」的事很多，如：運動、休閒、家人關係、人際溝通、學習語文或培養其他專長。不管想做什麼，真正有價值的仍是「現在」。

自從今年（二〇〇九）八月底，我辭去近六年的工作後，我一直在想，我要的是什麼？以前，在「跟時間賽跑」的情況下，我只想到完成工作目標，我的人生都是為了工作而生存，卻忽略了自己及家人的需求，以致身體出現了警訊，家人也覺得我醒著的時候幾乎都在工作，彷彿我的人生只有工作。當工作與幸福感衝突時，就如書中所說：要「取」幸福感而「捨」工作！

看了這本書後，原本對辭職害怕、徬徨的我，因此有了堅定的信心，想清楚此時此刻我要的是什麼而後行動！同時告誡自己「不要忘了離職的初衷」，我要展開新的時間管理計畫，重新認識自己、定位自己，並將每分每秒都用來「經營」美好的事物。訂定短、中、長期目標，用「時間成本」換取最大利益。

親愛的朋友，時間不曾停止過，但我們動搖不定、徬徨不已的心，卻常常在時間中虛耗。「逝者已矣，來者可追」，現在就開始吧！過去因為沒有管理好而任意浪費了時間，但只要重新開始，永遠不嫌晚！

（本文作者為最善良、熱情、謙虛、樂於助人的大妹）

推薦序二

胡興梅

一天到底有幾小時？許多人一定覺得這個問題很唐突，或根本不是問題。因為一天二十四小時，是舉世公認的事。

不過，就在今年（二〇〇九）六月，臺大畢業典禮上，李嗣涔校長對應屆畢業生致詞時問：「為什麼臺大傅園的傅鐘，只敲二十一響？」學生沒人能立刻回答這個問題，典禮結束後許多學生上網去查，才找到答案。原來是因為當時傅斯年校長的名言：「一天只有二十一小時，剩下的三小時必須用來思考。」

有些論述時間管理的書籍，認為一天可以有二十五小時。您一定會感到詫異，為什麼傅斯年校長認為一天只有二十一小時，有人卻說一天有二十五小時？箇中的差別說穿了一點也不稀奇，雖然一天二十四小時是不爭的事實，但時間卻可以根據個人不同的取捨或使用，而讓一天的時間長短有了不一樣的面貌。傅斯年校長選擇一天用三小時思考，因此只剩二十一小時，但有人將時間的效率盡量增加，一天就比別人多運用至少一小時。這就是時間管理的訣竅，端視您從哪個角度看待。

由此可見，時間管理的彈性很大，也因人而異。沒有一個人在時間管理的運用或取捨上，和別人一模一樣。我們不必東施效顰，但也不可放任自己浪費與揮霍時間。我們或許沒法在有限的時間內，做好每一件事情，但也不可漫無限制，把寶貴的光陰糟蹋掉了。

所以，當別人在時間管理上有獨到見解，或運用上值得借鏡時，就是我們學習和效法的對象。我所熟知的本書作者王淑俐教授，就是這麼一位熱衷於時間管理的探索者和研究者。她不但在時間管理上有不同於一般人的見解，更難能可貴的是她不屈不撓，勇於在日常生活及工作中，逐一實踐這些想法及作為。不在乎他人眼光，也不計較一時的得失，只要她認為對時間管理有幫助的事，就會勇往直前、毫不畏縮，而能創出許多不一樣的觀念和具體作法。我身為她的另一半，有幸能天天在她旁邊見證這一切，也是我能深入瞭解她的想法及作為的原因。

故而，在此絕不是「老王賣瓜，自賣自誇」，從民國八十二年她出版第一本《生涯計畫與時間管理——理論篇》開始，當時臺灣地區還沒有什麼人或專門著作談論時間管理，她已一頭鑽進這個領域且無怨無悔。往後的十幾年，她又相繼出版《別以為豬都好吃懶做——創意生涯與時間管理》等多本相關著作，在時間管理的相關範疇，她始終居於先行者的位置。說她是臺灣地區時間管理的「智者」，應屬當之無愧。

在本書中，她著眼於從「觀念到行為」的一致性，而將全書區分為兩大部分，上半部談論的是「觀念」，下半部接著論述「行為」。兩相呼應，也在向讀者展示，時間管理的正確觀念很重要，您不必將自己每天弄得緊張兮兮、分秒必爭，以致毫無喘息空間，壓力大增。但也不可整天雜亂無章、無所事事，虛擲時間而不自知，這些都有賴正確的時間管理觀念，方可拿捏得恰到好處。觀念有了，接著就必須付諸行動，才能將自己置於「時間的桃花源」中，優遊自得。

總而言之，淑俐自己在身體力行中，體悟出時間管理的「正確觀念」與「有效行為」，不但閱讀後使人驚艷，更發人深省。所謂「好東西要與好朋友分享」，在此大力推薦此書給所有讀者，您們都是我們夫妻倆最好的朋友。

（本文作者為中華科技大學通識中心專任副教授）

推薦序三

李美宜

稍早收到淑俐老師的邀請，為她的新書寫序時，心裡著實感到吃驚，想想自己並非名人，也沒做過什麼偉大的事。但老師說，因為書是要寫給使用的人看的，所以只要我寫出心裡真實的感受即可。短短兩句話，讓我佩服老師開放且合宜的觀念。

與淑俐老師從大三認識至今，已有六年的時光。雖不常與老師碰面，但每次有機會和老師說上幾句話，總可以深深感受到她經由生活各層面的深度思考及體悟，所精鍊出來的智慧。她不吝於分享自己許多真實的感受，當下或許不一定用得上，但總有如獲至寶之感。因此，當自己處在昏天暗地的狀態時，我就會跟老師訴說，需要老師的加持！一點都不誇張，王老師具有魔力的話語和關心，真的能撫慰我受傷……喔不！是疲憊的心靈唷！那種感覺是，有人真正瞭解我，並給予真誠的關心。

神奇的是，好幾次面臨工作的迷惘或委屈時，總能幸運地接到老師的來電。談的或許是其他的事，但老師總不忘體貼的「直接切入要點」，關心我工作或生活的現況，使我當下的負面情緒，很快找到出口。老師的耳朵一定常常很癢吧！因為總有人惦記著她的加持。

我是幸福的「既得利益者」，因寫序而有幸搶先拜讀老師的作品，讀著讀著整個人都振奮了起來，覺得人生還有好多美好的、值得學習的人、事、物。身處逆境中，我們常會忘了還是有選擇的，並且是更正向的選擇，這也是從老師身上學到的事。

於是，淑俐老師在我的心中，產生了許許多多的綽號、暱稱和印象，比如：叫她第一名、行動力一等一、有智慧、有靈性、永遠滿懷的希望與熱忱、對事物保持好奇心、虛心請教、獨立思考判斷、堅毅、喜怒哀樂都不過分誇張等。感謝淑俐老師在我面臨家庭巨大轉變，也是自己最困頓之時，給予最直接的關心和引導，讓我不會一直鬱卒下去，對家庭或感情產生不必要的誤解和扭曲。

相信讀者看到這裡，一定迫不及待的想多認識這位神奇的老師。那麼，就去讀她的書吧！書中一點一滴的養分，都是培養我們健全人格的基礎，讓我們更加「頭好壯壯」喔！

（本文作者為九歌兒童劇團藝術行政）

自序

到了某個年紀，會渴盼活得更好。這個年紀並非退休以後或年過半百，對我而言，時間更早。

一直以來，我的事情就比別人多，加上也許是處女座的個性，總想把事情做得更好。國小一年級時，父親入獄、媽媽獨撐家計，我這個大女兒就要幫著媽媽寫信給獄中的爸爸，要顧好爐灶的火來燒水或煮東西。即使明天要月考，也只能就著火光，用燒成炭的樹枝在地上複習功課。爸爸出獄不久、媽媽離家出走，這次換成我要幫忙爸爸照顧三個弟妹，家事全包，包括打掃、做飯、洗衣。因弟妹年紀太小，家裡似乎永遠凌亂，必須「快速收拾」——跑步做家事法，每做完一件就喊一個數字以自我激勵。另外還要抽空撿拾升火的木材，或到垃圾山找可以換錢的破銅爛鐵。

國中時，既要達到後母的要求——做家事、把功課顧好，也要幫忙家裡賺錢。即使段考前，仍騎著腳踏車到冷凍工廠剝蝦子。當時，後母只同意我讀最難考的屏東師專，我必須把握時間用功，所以常常一邊騎腳踏車，一邊背英文單字、國文課文。

讀臺灣師範大學時，雖然後母離開了，減少了精神壓力，但經濟壓力更大。弟妹國中畢業後，兩個就讀私立高中、五專，一個進高中重考班。所以我要更努力賺錢，幫爸爸分憂解勞，只要「有錢」，什麼機會都不放過，如：兼家教、擔任社團指導老師、拿獎學金、參加比賽得獎金等，當然也不想錯過多采多姿的社團及愛情生活。可想而知，時間管理對我有多麼重要。

大學畢業之前是「時勢造英雄」，環境逼迫我要珍惜時間、學會時間管理；但結婚生子、念研究所後，就得「英雄造時勢」，靠自己主動規劃人生及管理時間。尤其在二○○四年我辭去專職之後，等於是自行創業，「命運」更完全操之在我，沒有任何藉口可以不對自己的生活品質負責，所以對時間管理更加「依賴」，更能體會唯有好的時間管理，才能擁有理想的人生。

有些忙碌的朋友，一直渴盼完全屬於自己的時間，總以為「退休」、有了大把時間，理想的人生自然出現。我總會潑盆冷水提醒他們：還是先「準備」好要做什麼再退休，否則很快就會發現，「沒有壓力」比「壓力好大」更糟。沒壓力的日子，會慢慢變得「安於現狀」（其實是「沙發上的馬鈴薯」）、失去夢想，更遑論追逐夢想的勇氣了，這樣的生活怎會精采？

我好希望大家都能從「時間管理」中獲得好處，所以一直急於推廣。如果你覺得這本書寫得不好，絕對是因為我的寫作功力及人生智慧還不夠，時間管理仍是值得開發的寶藏。期盼任何年紀、渴盼活得更好的朋友，用你的心來體驗！

王淑俐　二〇〇九年十二月四日

CONTENTS

壹 觀念篇

貳 行為篇

壹 觀念篇

01 時間怎麼運用，由自己決定

忠於自己的選擇，別人就無法改變你。

這是我的選擇

二〇〇四年一月，我動了辭職的念頭；訴諸行動後一個月，辭呈就批准了。所謂「辭職」，並非一般人以為另謀出路或有高就，而是徹底改變工作型態。由原本的專任教授改為兼任，從此時間由自己安排，包括上課、寫作、演講等所有「想做」或「該做」的事。簡而言之，我成了一個「自由工作者」，自己擔任自己的經紀人。

那時距離我從私立大學退休還有七年，距離教授年資七年可休假一年也只差一年。一般人不解，為什麼要放棄優渥的退休金，及教授帶薪休假的福利？也有人為我擔心，沒了固定的薪水及退休金，未來要靠什麼過日子？所以大多數人認為辭職需要很大的勇氣。

其實，辭職需要的並不是勇氣，而是對生命的「覺悟」與「負責」。我希望時間怎麼運用由自己決定，我希望追求理想的人生，不再浪費時間憂鬱與抱怨。

辭職之前，我曾問老父的意見。他說：**這是你的選擇，忠於自己的選擇，別人無法改變你的選擇。**

人們會變得消極、被動，多半因為不相信自己「還能夠」選擇。總以為身不由己，於是怨嘆自己命苦。其實「放棄選擇」也是一種選擇，唯有相信自己還能夠選擇，才能做出屬於自己、無怨無悔的選擇。

重要的是你有什麼貢獻

我希望時間可以按自己的期待安排，我希望日子能從「得意的一天」變成「理想的一生」。有此覺悟，一方面與我一直嚮往「獨立作業」有關，另一個原因算是「因禍得福」吧！離職的那一年，正好覺得自己在扮演行政主管的角色上力不從心。索性辭去專職，直接選擇想走的人生道路。

我的謀職之路並不順遂，所以對於「就業」能抱持比較彈性的看法。取得博士學位時，因為執著於要找一份理想的工作，所以失業長達四年。恩師賈馥茗先生「開示」我：

重要的不是你在什麼位置，而是你有什麼貢獻。

這句話讓我從此對在哪裡工作、擁有什麼頭銜，較能「淡然處之」。因為，真正重要的是對別人有什麼貢獻，而不是個人名位。其實工作的方式很多，不一定非要專職、能升遷、有福利與保障不可。「半時工作」(part time job)、「在家工作」(SOHO族)，也是一種就業風潮。太堅持工作就該是什麼樣子，反而容易感到不滿，忽略了自己能做出什麼貢獻。

獨立、自由工作，是件得天獨厚的事

我的楷模史懷哲 (Albert Schweitzer) 醫師，是位自由工作者。他說：「能完全獨立、自由的工作，是件得天獨厚、十分幸運的事。」史懷哲發現，許多人曾有「自由工作」的念頭，或想證明自己適合單獨工作，但大多數人還是因為環境不允許而放棄。所以史懷哲認為，自由工作者應以十分謙虛的態度，來適應這種優厚的待遇。碰到困難時不要勃然大怒，應該以正面思考：「困難是免不了的！」

其實，大多數人不能「自由工作」，並不只是環境因素，還有心態問題。如史懷哲所說：

> 我的個性不偏不倚，保持平衡而少變化，因此能在安然平靜中工作下去。而且我能體認命運中的這些快樂，這姑且也算是我得到的報償。

自由工作者要心情平和，體會平靜工作中的快樂。也就是說，自由工作者是自己的老闆，為了好好領導自己，必須有很好的自我管理，如：耐得住寂寞、給自己成就感、自行創造工作的樂趣、獨立承擔及解決工作中的所有問題等。

我有更多時間可以好好工作

對於辭去專職這個決定，至今我沒有絲毫懷疑、後悔過。目前我在五所大學兼課，一天去一個學校、不趕場，這樣才有從容的時間與心情，與更多同學對談與互動（包括請他們吃飯、喝下午茶）。

其實，我目前的授課時數加上與學生談話，花費的時間比擔任專任教授時還多。許多人認為，既然花那麼多時間，何不乾脆擔任專任教授？為何把自己弄得這麼累、報酬又不成比例？但我甘之如飴。

離職後，也會擔心沒課可上，因此我隨時做最壞的打算（畢竟兼任是沒有保障的），把重點放在：不管能教幾門課，一定要把課上得更好。以我「處女座」嚴謹的個性（應該是容易「教學焦慮」的毛病），總覺得課前準備得不夠充分，上課內容不夠精采，所以時時「如臨深淵，如履薄冰」。對於寫作、演講的心情亦然，幸好現在有更多自由時間，可以充分、有條理地做好準備。

工作與人生，是一場「內在變化」與「外在變化」同時進行的超級馬拉

松。與其被時代腳步拖著走、不得不改變，不如大步向前、積極的自我改變。成為自由工作者，就像自行創業，更要不斷「求新求變」。現在，時間都是我的囉！如果安排得不好，絕對是自己的問題。你呢？你的時間又屬於誰？你希望把時間交給誰來安排？

02 其實，不是生命的「谷底」

愈早警覺到「不是生命的谷底」，愈有機會爬出谷底。

一秒一秒走過的痕跡

看過幾米繪本的人，都對畫中複雜、精緻的線條讚嘆不已。同時也會心生疑惑，要有多大的耐心，才能完成如此的作品啊？不會感到枯燥或因急著完成而不耐煩嗎？例如繪本《森林裡的祕密》，寂寞的女孩在森林遇見毛毛兔。兔子身上一根又一根的短毛，以及一整座森林每棵樹幹上的紋路……幾米是怎麼做到的？因為他做到了，所以才能成為幾米嗎？

幾米說：

我一筆一畫刻出森林裡的樹幹，彷彿秒針一秒一秒走過的痕跡，時間無聲地流逝，卻留下了一整片的樹林。我彷彿自己在做一種修行的功課，沒有躁動，只有舒坦。（引自《幾米故事的開始》，二〇〇八，頁二八）

真羨慕幾米的功力，能沒有躁動的讓時間「一秒一秒走過」，於是一筆一畫累積成了一座森林。為什麼一般人沒有這樣的修行？做不到「不再躁動」、「一秒一秒的工作」。要不是在期限的壓力下匆促完成，就是在沒人督促時提不起勁，真是凡夫俗子啊！

以畫畫來修行，是為了從谷底爬升

幾米「沒有躁動」的「修行」，其實是「大悲」之後的「大喜」。一九九五年春節剛過，醫師宣告他罹患血癌。當時他才三十七歲，殘酷的事實讓幾米禁不住放聲大哭，哭到昏沉入睡。

幾米住院六個月，飽受病痛的折磨後，他變得感性、敏銳。創作《森林裡的祕密》時，他說：

當時的身體雖然常常感到疲累，但是心情卻很愉快，創作紓解了我身體的病痛，讓心靈的孤寂與悲傷都逐漸獲得釋放。（引自《森林裡的祕密》，一九九八，頁二八）

幾米的大病是他生命的「谷底」，以畫畫來修行，是為了從谷底爬升。四十歲，幾米出版了第一本創作——《森林裡的祕密》。

每個人都可能曾經跌落生命的谷底，也許不如幾米那麼慘，或者更慘，但相同的是都想爬出谷底，結果卻有人還留在谷底。

留在谷底的人有兩種，一種是「不想留，卻沒機會爬出去」，另一種是「不必留，卻沒認真爬出去」。

「沒機會爬出谷底」，像是我曾經教過的一個美麗女生。她在修完教育學分、到學校實習時，發現自己罹患了血癌。雖然很幸運能配對到合適的骨髓，但因自體排斥而移植失敗。從發病到離開人間，僅短短一年多。雖然她無比勇敢地忍受病痛及醫療副作用帶來的身心折磨，只為了能爬出生命的谷底。無奈，美麗的生命仍只有短暫的二十五年！

有機會，就要認真爬出谷底

「沒有認真爬出谷底」的人，變化出來的類型就很多了。

有人看到自己正在墜落或已落到谷底，卻只會怨天尤人，甚至要別人為自己的不幸負責。

有人雖想自救卻方式錯誤，以致白費力氣、愈陷愈深。

有人索性閉上眼睛、糊里糊塗的掉下去，拖一天算一天，刻意忽視眼前的困境。

更多人是上述類型的綜合體，曾經努力自救，卻因怕苦、怕痛、怕累，終於半途而廢或自我放逐。然後整天埋怨，看到的世界愈來愈負面，最後索

—掉下懸崖之後—

這裡是世外桃源!?

性「安於現狀」而不再努力。

其實我們所面臨的生命谷底，大多沒有幾米那麼糟糕；事實上，也不是真正的谷底。**愈早警覺到「不是生命的谷底」，愈有機會爬出谷底。**若真的到達幾米那樣的程度，也許「危機就是轉機」，還有機會成為幾米第二呢！千萬別灰心！

幾米用生命的體悟，「一筆一畫刻出森林裡的樹幹與毛毛兔，彷彿秒針一秒一秒走過的痕跡」，完成一本本好書。十年來累積近三十本繪本，成為國人引以為傲的國際級大師。我們是否也應模仿幾米「一秒一秒的做一件事」的精神，不管結果如何，只要一點一點做下去，沉得住氣，熬過了，就會有豐沛的收穫。

沒有血癌，也許沒有幾米；但並非每一個困厄，都能換來生命的高峰。重點仍在秒針一秒一秒走過後，留下了什麼痕跡。所以，不論我們現在處在什麼樣的生命谷底，只要不浪費時間、一秒一秒的踏實去做，一定能成為自己心目中的幾米。

現在，我也要開始「一個字一個字的寫下去」，彷彿秒針一秒一秒走過的痕跡——沒有躁動，只有舒坦。

03／時間管理救了我

時間管理不僅是技巧、承諾，更是正向的思考與行動。

「時間管理」總在關鍵時刻救了我

「時間管理」就像神仙婆婆，總在我危急的關口揮動仙棒。第一次是在一九八七年，那時我剛讀博士班，因為先生是職業軍人，每週只能從高雄回臺北一次，所以婆婆搬來同住，幫我一起照顧才讀幼稚園的兒子。我那時是「全時」(full time) 學生，還要兼差賺些錢貼補家用。讀書、兼職、照顧幼子、婆媳相處、承擔家務等，讓我忙得豈是一個「煩」字了得！

後來婆婆透過先生勸我「休學」，我不想先生夾在婆媳之間為難，但也不肯放棄自己的學業，經過「夫妻協商」，我答應做到「晚上不讀書」，而且在「四年之內」拿到博士學位。但是，博士班課業、兼職工作，加上照顧家庭，

我的時間還剩幾個小時？

幸好賈馥茗恩師教我兩招：

第一，**擬定撰寫博士論文的「施工圖」**，排出完成各章節預定的時間表，隨時檢視及調整，以切實掌握論文進度。

第二，**設法使每天可用的時間增多**，若以一天八節課寫論文，每節課五十分鐘、休息十分鐘來計算，若每節課四十五分鐘、休息八分鐘，一天就可多出一節課的時間。四十五分鐘可寫二百字的論文，那麼每週可多寫一千字，每月可增加四千字。

其實，我對自己並不這麼有信心，但「時間管理」果然創造了奇蹟，一九九〇年六月，我如願取得博士學位，比原本預定的四年還少一年。當然，如果沒有馥茗恩師的「智慧」與「鞭策」，必無法獨自完成。從這次成功的經驗我發現，**時間管理不僅是技巧、承諾，更是正向的思考與行動**。

「時間管理」第二次救了我

一九九七年三月，我的父親因心臟病發作倒在路邊，被路人送到醫院。之後包括在加護病房，總共住院三個多月。為了照顧父親、兼顧家庭與工作，我必須高雄、臺北兩地奔波。加上已經寫到一半的教授升等論文，真是忙得分身乏術。不知如何取捨之際，時間管理再次救了我。

一般人認為解決問題最簡單的方式，是先放棄部分的工作。以我當時忙碌的情況來看，即使沒有父親重病這件大事，也很難同時兼顧工作、家庭與升等論文。

那時小女兒才四歲，需要較多陪伴。剛開始我先陪她睡了，再寫自己的升等論文。但往往自己也跟著睡著了，還一覺到天亮呢！掙扎著想起床寫論文，也不一定每次都成功。真的起床了，寫作的效果也不好，第二天又睡眠不足。即使先睡一覺，半夜再起床寫論文，狀況一樣不佳。最後我找到的方法是，先跟女兒一起睡，清晨四點多起床，寫兩個多小時後上班。

在辦公室我也盡量抽空，不論時間多短，都可用來寫論文。我畫了一個表格，標上日期，每天「累計」自己抓到多少時間寫論文。**看到表格上的記錄，發現今天掌握了多少時間，就會覺得很踏實、很有成就感。若平時已能抓到不少時間，假日就更覺得時間充裕了。這個表格很簡單，示例如下：**

在這樣「多事之秋」的狀況下，我沒有放棄撰寫教授升等論文，終於如期完成、順利升等。

「時間管理」第三次救了我

二〇〇四年初，是我擔任師資培育中心主任的第五年，為了學生的實習及出路問題，

日期	寫論文時間	每日累積時間
4月12日	上午 9:00～9:20，20 分鐘；12:00～12:30，30 分鐘；下午 2:30～3:00，30 分鐘；4:10～4:40，30 分鐘	110 分
4月13日	上午 10:15～10:40，25 分鐘；12:20～12:50，30 分鐘；下午 3:40～4:20，40 分鐘	95 分
4月14日	上午 9:30～10:00，30 分鐘；11:30～12:20，50 分鐘；下午 2:20～2:50，30 分鐘；4:10～4:50，40 分鐘	150 分
4月15日		

心情感到十分煩躁、工作壓力也愈來愈大，覺得自己距離喜歡的教學工作愈來愈遠。我自問：「為什麼把自己搞得筋疲力竭？到底要不要繼續過這樣的日子？」當感到事倍功半、愈來愈憂鬱時（也是時間管理不佳的徵兆），就該「花些時間」好好思索，找出問題的關鍵了。

當時我努力「把事情做對」，逼迫自己成為工作狂，不眠不休卻仍不能把工作做好，這才發現，該是「**做對的事情**」，**以求事半功倍**。我學教育，也熱愛教學，思索後決定辭去教授專職與主任兼職，成為自由工作者。重新安排自己的時間，以從事最熱愛的教育與教學工作。

我已經離不開「時間管理」了，否則就無法踏實、安心。我的心得是：

時間管理與生活品質成正比，時間管理得愈好，生活品質就愈高。

04 你有時間觀念嗎？

華人首富李嘉誠說：凡事抱最大的希望，為最大的努力，做最壞的打算。

時間是最好的治療師，但也是病入膏肓的元兇

時間比金錢珍貴，當事情太多、時間不夠時，**時間借不到**！反之，當無事可做、不知如何「殺時間」時，多餘的**時間也不能儲存**。我們只能活在「當下」、擁有「現在」，所以，人生步調的拿捏與掌控，就是時間管理的重要功課。要學習忙而不亂，以免事倍功半、白忙一場；要避免漫無目標，以免浪費時間、虛度此生。

沒有時間觀念的人，常搞不清楚什麼時間該做什麼事。於是，該開始而不開始，該結束而不結束。不懂得安排進度、調配時間，該快而不快，該慢而不慢，把自己忙得半死、疲累不堪。遲到、拖延、沒有條理、效率不彰，

均是這種人的家常便飯，損人而不利己。**沒有時間觀念的人，真是麻煩人物！**然而，當我們抱怨他們時，自己也要負些責任。因為我們還不夠珍惜時間，才會任人宰割。

那麼，時間管理高手的時間觀念又是如何？

保持正面的態度

首先，**保持正面的態度**，忙碌時，不浪費時間抱怨、焦慮及自憐，而將焦點放在找出更聰明的問題解決辦法。如果一受到急迫性的威脅，就匆匆忙忙、無法分辨先後順序，可能會「得不償失」。所以，時間管理高手的口頭禪是：「**趕的話就慢慢來**」，以便：

1. 「判斷」事情的緩急輕重，排出先後順序。
2. 「找出」可以委託別人的事，或有些根本就是「別人的事」。
3. 「確定」有些事不做更好（「天下本無事，庸人自擾之」）。

4. 「分辨」別人是否要求過當，使得我們沒有自己的時間、不能做好份內或想做的事。
5. 「思考」如何避開「趕的陷阱」，找出「慢慢來」但更有效率的技巧與生活祕訣。

總之，對於忙碌要正面迎戰，不要逃避、退縮、恐懼。

周詳的時間計畫

再來，要有周詳的時間計畫，先預想後果。所謂「預防勝於治療」，大部分的危機都因沒有完善的思慮所致。對於結果，不要盲目地「抱最大的希望」，還要預先「做最壞的打算」，這樣才能「盡最大的努力」，這就是「危機預防」。子曰：「人無遠慮，必有近憂。」（《論語．衛靈公》）華人首富李嘉誠也是如此，他的投資意識亦有異曲同工之妙。他說：

抱最大的希望，為最大的努力，做最壞的打算。

凡事必定有充分的準備，然後才去做。……例如氣象臺說天氣很好，但我常常會問自己，如果五分鐘後宣布會有颱風，我該怎麼做。（引自*Cheers*雜誌一〇五號，二〇〇九年六月，頁一四〇）

⌛

做事不能只憑衝勁、邊做邊想。而是要想清楚了再做，最好把「構想」寫成「書面」方案，會更有效率。已故的教育部長林清江先生，在我讀碩士班時上「教育社會學」課程，他要求每個學生提出一份書面研究計畫，再一一給予「回饋」。為什麼要寫研究計畫？清江恩師說：

再好的構想若僅存於腦中，都只是空談。我們的腦海無時不有所謂「好點子」，若沒有寫下來，再好的想法很快就會消失、遺忘，寫下來才有機會修正與實踐。

堅信還有時間

最後，時間管理高手堅信，「想做什麼，有的是時間」，如：學開車、學瑜珈、學跳舞、出國遊學、閱讀、與家人相處……，怕的是「不做」，而不怕「找不到時間」。每個人都有時間，只看你怎麼利用。

其實，五分鐘、十分鐘、二十分鐘的短時間，也可以「小兵立大功」，累積起來十分可觀。這部分和金錢觀有些類似，那就是「投資報酬率」、「量入為出」、「不要寅吃卯糧」，以及「錢要用在刀口上」。

每個人的一天都是二十四小時，如果你賴床、貪看電視、無意義的閒逛或不必要的應酬、多管閒事、沉迷電玩……等，時間就如流水般快速消逝。反之，時間分配得當，對於每件該做與想做的事，都能利用短時間去做，日積月累、積少成多，夢想也能漸漸達成。

生命中還有許多非常重要、現在不做明天就會後悔的事，如：健康、親情、學習、人際關係……等，無論如何都要抽出時間、及早完成，以免留下無法彌補的遺憾。成功者相信：想做及該做的事，永遠都抽得出時間。

05／撐著不死或好好活著

如果不願「萬事成蹉跎」，就得即知即行、把握今朝。

虛幻的明日，踏實的今天

明朝詩人錢福華所作的〈明日歌〉，道盡一般人的心態及懊悔：

明日復明日，明日何其多。
我生待明日，萬事成蹉跎。
世人若被明日累，春去秋來老將至。
朝看水東流，暮看日西墜。
百年明日有幾何？請君聽我明日歌。

一般人的通病是總說「明天會更好！」其實卻逃避、拖延，結果只是「明日復明日」、「萬事成蹉跎」。成功者能「即知即行」、把握今朝，如明朝畫家文徵明之子文嘉所作的〈今日詩〉。

今日復今日，今日何其少。
今日又不為，此事何時了？
人生百年今幾日？今日不為真可惜。
若言始待明朝至，明朝又有明朝事。
為君聊賦今日詩，努力請從今日始。

想做什麼，先做了再說

人們常抱怨「沒時間」、「沒機會」、「沒辦法」、「沒錢」、「沒能力」、「沒動力」……，所以無法做到「想做的事」。其實等到真的有錢、有閒了，又說沒體力、沒心情，最後仍然一事無成。所以當我們有了目標，先做了再說。

以自由工作者的我來說，想做的是：

為「軟實力(soft power)❶研習」盡心盡力，開辦情緒管理、語言表達、聲帶保健、時間管理、衝突管理、人際溝通、情緒管理、正向思考、職涯發展等工作坊。

此外，我還想好好寫作，寫出真正的好作品；好好學習，向更多高人學藝；好好教書，教出令人感動及改變人心的課程。想做的事不少，但我卻不覺得忙。因為"SOHO"族的我，自然而然「想通」了一些道理，心情更加自在。如：

1. 工作本就沒什麼保障，不要再去想「能做多久」，而應全心全意在「能做多好」。

---

❶英國中世紀哲學家培根(Francis Bacon)說：「知識就是力量」(Knowledge is power.)。這個概念到了二十世紀八〇年代末，哈佛大學約瑟夫・奈伊(Joseph Nye)教授將它轉化為「硬實力」(hard power)與「軟實力」(soft power)兩種。硬實力是指一個國家利用軍事和經濟實力，強迫或收買其他國家。軟實力則是通過吸引和說服，使別國服從你的目標，從而得到想要的東西。一個國家的軟實力，存在於文化、政治價值觀及外交政策中。

2. 工作與生活、興趣與志向、休閒與人生都已相互結合，不必再區分「工作」與「放下工作」，所以能用最輕鬆的心情，彩繪生活的每一刻。

3. 輕鬆不等於懶散，仍有嚴苛的考核。任何一位學生、讀者、聽眾都是老闆，他們「隨時」可以解聘我。

4. 擁有時間管理、情緒管理、人際管理、健康管理等「自我管理」的功力，才是使生活「順利」的關鍵。

時間多了更不可以浪費，一分一秒都要好好活著。所以我學著好好吃飯、好好睡覺、好好唱歌、好好備課，專注地做好每一件事。

創造自己的生命品質與價值

出生於美國哥倫比亞市的黃至成，父母是第一代臺灣移民，他從小聰穎，常考第一名，希望成為政治家。但高三那年，他親眼目睹十三歲的妹妹心臟病發，結束短暫的人生，從此決定進入哈佛大學醫學系。他不僅在校時積極參與孤兒院、癌症兒童等服務工作，畢業前還帶著十萬美金存款，到南美最貧窮的玻利維亞為街童服務。

黃醫師執業行醫十年來，仍每年去玻利維亞三個月。他獨資及募款成立了三個街童之家，不僅完成了他的理想，更締造了獨特的生命價值。(詳參《玻利維亞街童的春天：一位台裔哈佛醫學生的美夢成真》，二〇〇七)

尋找自我，找回快樂

五十三歲的傑恩(Jean Beliveau)，從二〇〇〇年開始，帶著三千美元及一輛手推車，從加拿大開始，至今已「走過」五十四個國家，共五萬五千公里路途。每到一個國家，第一件事就是拿出聯合國「促進和平與非暴力文化」宣言。問他為什麼要「走」？他回答：「我要宣揚愛的理念和尋求自我。」

傑恩找到自我了嗎？太太露西笑著說，「我認為他找到了，他現在很快樂。」以前傑恩雖然工作認真，但並不快樂。二〇〇〇年七月的一個星期天，傑恩說有重要的事要與她商量：「我要去走一圈」。聽他說完整個計畫，露西認為他瘋了，但知道傑恩已計畫了八個月，才轉而支持、鼓勵。傑恩的父親也贊同他「去做這輩子最想做的事」。（節錄自聯合報，二〇〇八年十二月二十日）

選擇自己的路，人生不白活

二〇〇八年十一月二十四日，臺東聖母醫院的施少偉醫師因癌症辭世，享年僅四十九歲。留下妻子及一子二女，家中沒有其他收入。病重時，醫院要幫他在院內募款，他勉強同意，但仍交代：「後事剩餘的錢，要捐回醫院」。

施醫師曾在其他大醫院服務過，但覺得不是他想要的生活。於是，他選擇自己的道路，立志當鄉下醫師。聖母醫院面臨倒閉時，他非但沒被挖角，還願意掛名擔任負責人。醫院說，以他對病患的付出，早可獲得醫療奉獻獎，但他總不願意，他認為自己還有薪水，沒有傳教士偉大。

二〇〇五年，施醫師發現自己罹患了肝癌、肺癌及直腸癌，且都是末期。除定期去北部化療，一回到醫院便馬上看診，還主動加班夜診，甚至覺得虧欠醫院，而退還一半薪水，過世前四天仍抱病上班。辭世時是凌晨四點，醫院同事在睡夢中接到電話，紛紛趕往醫院，送施醫師最後一程。

決心過完整的人生

美國田納西州的生命鬥士黛安．歐德爾 (Dianne O'Dell)，三歲時因小兒麻痺症而全身癱瘓，無法自行呼吸，必須終生躺在鐵肺 (iron lung) ❷中，僅能露出頭部。

即使待在鐵肺裡，醫師也宣告她來日無多，但黛安決心過完整的人生。她頭頂有部電視，遙控器連上一根吸管，讓她可利用吸氣、吹氣來開關電視。她以一套對講系統在家自學，取得了高中學歷，還繼續進修大學課程。黛安畢生的願望是寫作、出書，三十三歲時，她終於擁有一部聲控電腦，於是她

❷也就是負壓型呼吸器，這種呼吸器是將病人從頸部以下全都牢固的密封在一個櫃子裡，僅露出頭部，當鐵肺中的空氣被吸出時，新鮮空氣進入病人的肺內；當鐵肺中的壓力升高時，肺內的空氣被壓出去。

開始創作，並完成願望，寫了一本童書。二〇〇八年五月二十八日，一場雷雨造成停電，以致鐵肺停擺，結束黛安非凡的一生，享年六十一歲。（節錄自聯合報，二〇〇八年五月二十八日）

看到上述這些「好好活著」的鬥士，我們怎好意思只是「撐著不死」？

會時間管理
我還沒死唷！
還跟你同一個地方唷！
不會時間管理
Dead Line

06／要不要相信算命？

禍福都是自己的行為造成的，要「自求多福」而非「自作孽」。

禍福無不自己求之者

有一次我到一個培訓機構授課，學員中有位「高人」，下課時特地「善意」提醒我：

王老師，你目前的運勢很好，都能心想事成；但，五十一歲時要小心……

我向來不算命（包括別人好意幫我算），當這位朋友「鐵口直斷」時，我已來不及不聽了。不得不承認，他的話「暗地裡」對我起了作用，不由得擔心起五十一歲時要如何「小心」過日子？

晚上吃飯時，電視新聞正報導有關「命理」的事情，我告訴讀高中的女兒，有人幫我算命、預測「五十一歲要小心」這件事。女兒聽了，馬上以孟子的話來反駁：

般樂怠敖是自求禍也。禍福無不自己求之者！詩云：「永言配命，自求多福。」太甲曰：「天作孽，猶可違；自作孽，不可活。」此之謂也。（《孟子‧公孫丑上》）

孟子的這段話指出，**禍福都是自己的行為造成的**，所以要「自求多福」而非「自作孽」。過於享樂、放縱自己就會招禍，反之才能得福。女兒說，如果我相信「五十一歲要小心」的預言，因而失去自我負責的態度，就會不由自主地受到影響，而使不好的事情發生。

只能怪自己的命不好嗎？

一般人好像都有這個通病，事情不如意時，不檢討自己的行為，反而「宿命」的認為「命中注定」，怪自己的命不好。即使「健康狀況」這種有科學根據的事情，仍有許多人認為健康、長壽與否，是先天體質或早已決定，不可能改變。

以我來說，父母都有高血壓，近幾年我的血壓狀況也不穩定，加上膽固醇偏高，若不改善睡眠、運動、體重、飲食等習慣，健康狀況一定更難控制。所以，「禍福無不自己求之者」，該做什麼就要去做。如果因為運動不夠、睡眠不足，那麼身體不好也怪不得命運。

可惜，**許多人隱約知道自己的身體或某些地方有問題，卻刻意忽略它，過度悲觀的以為「無力回天」，或過度樂觀的以為「船到橋頭自然直」。**其實，「天助自助者」、「自助而後人助」，如果自己都不注意，誰來關心你呢？

神明能指點迷津嗎？

不少人到廟裡拜拜，喜歡抽籤「問事業」。若真的拿到上上籤，就表示這輩子可以輕輕鬆鬆的坐領高薪、生意興隆嗎？若是下下籤，難道就此一蹶不振而自暴自棄嗎？

在我成為「自由工作者」後，也常遭遇工作的瓶頸，如：演講的邀約變少，大學的兼課不是那麼「無可取代」，書籍的銷售量不盡理想。如果因此**沮喪甚至倦怠，而無法提升工作熱忱，就真的進入「失業期」囉！**

子曰：「不患無位，患所以立」，重要的是經常、主動的自我檢討與改進。改善身體健康需要運動、注意飲食及睡眠，增加工作成效需要自我充實與更新，提升心靈層次需要豐富的經歷與感動。如果什麼也不做，即使目前很好，一段時間後也會衰退（不進則退）。就像口味不錯的知名餐廳，仍需在菜色、布置、服務、宣傳等方面不斷精進與推陳出新。如果餐飲的樣式變不出新把戲，大家就不再光臨了。

「付出時間」做該做的事

總之，不論維護身心健康或追求事業財富，都得「付出時間」、做該做的事。我們常以「時間是最好的治療劑」，來安慰別人早日忘掉痛苦。但要小心的是，時間也可能「致病」，也就是說，若不及時把握時間、及早解決問題，等到「沒有時間」或「來不及」時，再多的後悔都沒有意義了。

以我的工作來說，要「付出時間」做哪些該做的事？教學方面，要花時間準備課程、批改作業與回饋，還要與學生個別談話，以便透過老師的善意與智慧，幫助學生掌握自己的命運。

曾經有位學生課後跟我談了兩個多小時，我才知道，這麼多年來，她都未曾向別人求助過。獨撐了那麼久，心情一定好沉重吧！教育工作的價值，就在於得到學生的信任，然後**付出自己的時間，協助他們面對人生的真相**。一、兩次的談話，也許不能幫學生解決一、二十年累積的問題，卻能激發他們的勇氣及潛能，開創自己未來一、二十年的新生活。

寫作及演講方面，我必須大量閱讀及多多與人接觸，才能擁有豐富的素材，瞭解別人的心聲與需求。日本的趨勢專家大前研一說，他為了準確預測世界經濟趨勢，每天固定的功課是：

看五百份簡報、三千五百則新聞，並且反覆思考世界上發生的大小事，以保持頭腦的活躍。

跟大前研一相比，我一個月才讀三十本書，實在差得遠了！

禍福無不自己求之者，我們希望達到什麼目標，就要「付出時間」做該做的事。想功課好，就不能缺課、要勤做筆記。要人緣好，就得時時關懷別人、多參與團體活動。你呢？已經準備好朝自己的目標邁進了嗎？加油！

請你仔細想一想，目前心中想要「付出時間」去做的事有哪些？把它寫下來吧！

1.

2.

3.

4.

5.

07 「心想事成」的真義

我們要做的，是在生命之河中愉快徜徉，順流而行，而不是辛苦的要求河流，以我們想要的方式流動。

正確看待及運用「心想事成」

日前，報紙頭版有則新聞：大樂透九億多元頭獎得主的妻子說，在讀完暢銷書《祕密》(*The Secret*) 之後，她許下中頭獎的願望，沒想到美夢成真。看完新聞，應該有不少人也想找這本《祕密》來看，希望從中挖到寶藏吧！

但是，有一段時間我卻不太喜歡這本書，雖然有很多人大力推薦，我也買過幾本送人。但在吃過這本書的苦頭後，使我產生了「成見」，好久不想再接觸它。什麼苦頭呢？就像過度迷信一樣，我將這本書當成了「神明」，十分「虔誠」的祈求「心想事成」，結果仍是夢想幻滅。直到看到另一本類似的書籍《遇見心想事成的自己》，才使心情放鬆許多，知道如何正確看待及運用「心想事成」的法則。作者張德芬在書中提到：

就我個人而言，我現在幾乎完全不玩心想事成的遊戲了。我每天會做的，是去看今天又有哪些負面情緒升起，對應於我的哪一個模式。（引自《遇見心想事成的自己》，二〇〇八，頁二〇九）

哇！原來有人跟我一樣，不想再玩「心想事成」的遊戲了。但如果還是有很想達成的願望時，作者張德芬則希望能順天而行。她寫道：

如果有特別渴望某件事情要怎麼發展時，我會這樣祈禱：「宇宙啊！我很希望（　），請祢幫助我，但是照祢的意思，不要照我的意思。」（同前書，頁二〇九）

是啊！何苦為難宇宙眾神，一定要順著我們的意思去做呢！何況，人們怎麼知道，自己所祈求的一定正確無誤？所以，作者再次提醒：

在發願之前，要先想清楚「為什麼」你想要這個願望。（同前書，頁一二五）

我們得自問：是不是內心有些缺憾未能滿足，所以才想藉由某個願望的達成來彌補？如果不清楚自己真正的需求或問題，可能會付出更大的代價，反而得不償失。作者說：

只一心追逐自己的目標，卻沒有想到，也許我們渴求的東西最終會到手，但是卻有一定的代價要付。（同前書，頁一三四）

接受生命的歷練，而不要苦苦追求

所以，作者希望我們能去體驗生命，接受生命的歷練，而不是苦苦追求。

如果我們總是要這個世界的人事物，完全符合我們心想事成的要求的話，好像失去了我們最初的使命與目的了。……我們要做的，是在生命之河中愉快徜徉，順流而行，而不是辛苦的要求河流以我們想要的方式流動。（同前書，

頁二〇九～二一〇）

對！我就是因為「辛苦的要求河流以我想要的方式流動」，所以對「心想事成」產生了反感。最初讀《祕密》這本書時，適逢女兒即將參加升高中的基本學力測驗，於是我「辛苦地要求上天」幫助她考上理想的學校，結果仍舊失敗。

其實，女兒已經盡力，在沒有補習的情況下，能考到PR值九十五❶，這樣的成績也應該心滿意足了，何苦非要強求讀明星學校呢？但這個「挫敗」，卻使女兒的心情與自信心低盪得很厲害，眼淚掉了好多、好久……

祈求的東西沒有到手，就已付出了代價。如果願望實現了，是否要付出更大的代價？

❶PR是百分位數，指一個人的某種表現，在以一百人為比率當中的排名。PR值九十五，是指一百人當中贏過九十五個人。

體驗自己「不好狀態」中的「痛苦」

《祕密》一書曾以體重為例，作者在體重計上貼了想要達到的理想數字，結果很快就「心想事成」。然而，我恰好相反，體重不減反增。這才發現，要獲得成功，「祕密」之中還有「祕密」，並非想像的那麼單純……

對自己不想要的東西（如過多的體重），我們免不了用負面的態度來看待，結果**愈不想要的，反而愈纏繞自己**。

正確的態度應是：知道自己真正想要的是什麼，並且對目前不好的狀態負責，找出造成不好狀態的原因。當然，這個原因得向內尋找。要承認原因出於自己，儘管會感到很不舒服，但還是**要「慢慢地」體驗箇中的「痛苦」，而非「匆匆忙忙地」躲開它**，以致拖延了處理問題的契機。「苦盡甘來」就是這個意思，痛苦是不可免的，「不經一番寒徹骨，焉得梅花撲鼻香」。

二〇〇九年，高雄主辦世界運動會，我國女子拔河隊獲得金牌，成功背後的最大推手是教練——陳圳龍。二〇〇〇年成立女子拔河隊時，他擔任義務教練，當時立下十年內拿到世界冠軍的宏願。

為了獲得冠軍，不論教練或隊員，都吃足了苦頭。平常每天要練習好幾個鐘頭，集訓期間就更不用說了。難得的是，陳教練歷經失業、繳不出房貸、籌不到經費等重重壓力，仍然不放棄自己所訂的目標。

在爭取二〇〇四年亞錦賽國家代表隊資格時，以三連敗慘遭淘汰，陳圳龍十分自責。調整方法之後，隔年就獲得亞運冠軍，之後更是年年奪金。陳圳龍說：

沒有那次的挫敗，就沒有現在。（引自*Cheers*雜誌一〇七號，二〇〇九年八月，頁三六）

如果我們不敢面對及體驗「不好狀態」中的痛苦，就永遠甩不掉自己不想要的東西！

08 你已經「老」得不能再做什麼了嗎？

愛迪生八十一歲時，有人問他何時退休，他回答：「活到現在，從來沒有考慮過呢！」

莫以年紀「畫地自限」

常聽人說：「少壯不努力，老大徒傷悲」，好像「努力」只是某個年齡的事，之後就來不及了。**「畫地自限」的人，任何時間都會以「年紀大」為由，而不想學習、更新**。其實，到了某個年紀後，必然在體力、記憶力、反應力等方面有所衰退，但若因此自我放縱，情況一定更糟。

以電腦來說，我讀博士班才開始學電腦，當時的電腦不似現在人性化，學習起來複雜極了。我到大學教書時，教學及公文已全面電腦化，大家都得學會相關的電腦操作。如教室中的電腦及單槍設備，網路上的出缺席登錄、教學大綱、成績登錄、作業批改、補充教材等許多措施，都需要電腦作業。「遠距教學」或「網路視聽教材製作」，更成為現代教師必備的知能。但如今E化的社會，仍有不少教師以年齡太大為由，而極力抗拒電腦化。**電腦科技固然有其弊端，但是一味抗拒只會使自己落伍、失去成長的機會。**

人生七十才開始

恩師賈馥茗先生七十歲時，為了跟得上時代而學習電腦，舉凡打字、編輯、上網、收發E-mail等，她全都學會了。儘管當她的電腦出毛病時，仍要拜託學生來支援，但她不因此自我設限，仍繼續使用電腦寫作。七十歲以後，恩師的創作更豐富，直至八十三歲仙逝，電腦寫作不曾間斷。

愛迪生七十五歲照常去實驗室，八十一歲取得第一〇三三項專利時，**記者問他何時退休，他說：「活到現在，從來沒有考慮過呢！」**愛迪生享年八十五歲，一生的專利共一千三百多項。愛迪生自訂的目標是「十天發明一樣小東西，六個月發明一樣大東西」。

孔子的第七十二代孫孔憲鐸，七十歲進入北京大學心理系博士班，七十四歲取得第二個博士學位，他的指導教授比他還年輕三十歲。

孔憲鐸早在一九六八年即獲得多倫多大學植物博士學位，一九七七年成為馬里蘭大學終身職副教授，一九八二年升任正教授。之後擔任香港科技大學理學院院長，再任副校長，直至二〇〇一年退休。他在生物及工程科技上的多項成就，曾被列入世界名人錄。孔憲鐸取得了心理學博士學位後，還打算再修歷史學博士呢！

民國元年出生的趙慕鶴，在一九九九年為了陪孫子準備大學聯考，成為全國最高齡的考生。當時雖然名落孫山，但仍報名高雄空中大學文化藝術系，每天騎腳踏車來回十二公里上學，四年後與孫子一起大學畢業。二〇〇六年和友人的兒子相約考研究所，考上了嘉義南華大學哲學研究所的備取。趙爺爺隨班附讀了一年，隔年重考錄取。

碩一時，他清晨五點起床，騎腳踏車到高雄火車站，搭車到嘉義，研二時才住校，從不遲到、早退或缺課。就學期間，中文資料難不倒他，英文就請同學幫忙翻譯或打字。二〇〇九年六月，九十八歲高齡的趙爺爺，從南華大學哲學研究所畢業，取得碩士學位。

誰能決定你老得不能再做什麼？

英國最資深的模特兒達芙妮・塞爾菲(Daphne Selfe)，二〇〇八年七月度過她八十歲生日。她二十歲出道，結婚後生下三名子女，但仍一直擔任模特兒，如今則專為熟女及辣嬤的服飾品牌走秀。

二十歲時她的三圍是三十六、二十四、三十七，體重六十三點五公斤。年過八十，她的三圍仍維持三十六、二十六、三十六，體重比從前還輕（五十點八公斤）。她並未刻意減肥，只是勤練瑜珈、多吃蔬果及喝水。（節錄自聯合報，二〇〇九年三月十一日）

出生在中國貧困家庭的許哲女士，二十七歲才讀小學，四十七歲到英國學護理（花了八年時間），六十七歲獨力創辦養老病院，六十九歲學瑜珈，九十歲學佛，一百歲更用功的學中文。她的各種學習都比別人晚，卻比別人更熱愛和認真。

許哲八十五歲時，新加坡政府社會局到她創辦的養老病院視察，發現她的年齡之後，強迫她退休，並接管了養老病院。但許哲卻找到另一個更好的工作，她直接走進老人、病人家中，按月按時送錢、送食物。

九十多歲時，她獨自照顧十幾個家庭、二十幾位老人。還計畫成立家庭式的「心連心之家」收容中心，為被遺棄之窮苦老人、少女、兒童、受虐婦女，提供一個中途之家。這種偉大的情操與精神，讓她在一百零四歲時，獲得周大觀文教基金會「第五屆全球熱愛生命獎章」。（詳參《一〇六歲，有愛不老──許哲的生命故事》、《一一〇歲，有愛不老──許哲的生命故事》）

已經一百一十歲的許哲女士都這麼認真、有活力的活著，年齡遠不及她的我們，怎可白白浪費寶貴的時光？有什麼藉口繼續怠惰？

09 困惑挫敗時，該做一番自我反省

我們心裡都有一面鏡子，只要對著它，整個自己便會纖毫畢露、無所遁形。

讚美也是一種期許

恩師賈馥茗先生對我的影響很大，她在世時，我總提到「賈老師如何說如何做」，演講費真該分給恩師一半。二〇〇八年五月七日，恩師仙逝了，我不再有機會聽到老師說什麼，只能開始「複習」恩師的言行。

我出版的書，恩師大都不嫌棄，願意為我寫「序」。二〇〇六年出版《別以為豬都好吃懶做》，內容關於「生涯規劃與時間管理」，恩師的「序」值得與讀者分享。

一開頭，恩師對我的評語，與其說是讚美，更是一種期許，是我應該努力的目標。

淑俐是個既會用口又會用手的人，身心健康，所以總是精神飽滿，了無倦意。在工作中，堅持一貫的原則，認真負責；同時把家庭生活安排得溫馨而合理。她是幸福的，有一半得歸功於她的夫婿——胡興梅先生，同樣的有原則、負責任，能夠水乳交融、同心協力的建立並維持一個老少三代安樂的家庭。

恩師對於我辭去專職，瞭解得最為透徹。她知道我並沒有脫離教育志業，只是「山不轉路轉」，變換一個形式而已！

她受過臺灣師範大學教育研究所的洗禮，用她的熱誠趨向實務的一面，努力宣導教育理念：對教育工作者，以教人成人為本，盡責職守。而在環境不許可時，也不惜放棄手裡的飯碗，另開途徑，變成教人「為人做事」的正確道路。

痛苦時，自己要負最大的責任

恩師發現，許多人在不順遂或遇到瓶頸時，大都浪費時間在錯誤的方向上，抱怨別人與環境，把自己弄得更淒慘。恩師認為，問題無解、陷於痛苦時，自己要負最大的責任。應該趁此機會，做一番透徹的自我反省，才可能找出問題的根源。

怨天的怪「天不從人願」，怨命的怪「命運不好」；更多人諉過於人，都是別人有錯，害我落入痛苦之中！卻很少有人做一番自我反省：

問問自己的生活方式是否正確無誤？

問問自己是怎樣安排生活的？

問問自己是怎樣做事及待人接物的？

再問問自己是怎樣看待所有的問題？怎樣處理問題？

最後，更要問問自己的問題，是否真是沒有答案的問題？

尤其，最後一個反省：「更要問問自己的問題，是否真是沒有答案的問題？」也就是說，我們是否誇大了問題，以為全天下只有自己陷於水深火熱？自己最不幸、永遠走不出來？自己遇到的是全天下最可怕的事、最可惡的人？自己非常倒楣？這些就是「沒有答案的問題」。因為，過去發生的不愉快已是事實，無法期待它不曾發生。遇到什麼樣的人，也都真實存在，無法變成作家筆下的人物，重新編寫劇本。

反省，就是自己照心鏡

所以，恩師認為解決問題的根本之道，就是好好看看自己，改正生活的方式。

老子曾說：「自知者明」，可是要怎樣才能得到自知之明呢？那就是「別忘了」我們心裡都有一面鏡子，只要對著它，整個自己便會纖毫畢露、無所遁形。我們常說的「反省」，就是自己照心鏡。

恩師說，困境是自己所造成，只能靠自己脫困。畢竟，只有自己最瞭解、也最該瞭解自己。受困的原因可能是自己太懶惰，又好高騖遠。空有理想或野心太大，卻無相應的行動。或好不容易採取行動，卻分不清事情的緩急輕重。做事不得其法的結果，把自己弄得更忙、更累、更苦。

先從自己開始，可能會發現自己才是問題關鍵之所在。是自己懶惰，自己愛做白日夢，自己心比天高，希望或慾望放在不可能實現的外太空。自己分不清輕重緩急，做一件事時，只知道還有很多件待做的事跟在後面；自己像無頭蒼蠅般，忙得不可開交，累透了還忙不完，以致疲倦、肝火上升，心頭火起。於是先是暴躁，顯得累上加累；最後不是情緒爆發，就是眼淚傾洩而出，再也沒有心思運用理性，也沒有餘力支持下去。

羅馬假期女主角奧黛莉赫本(Audrey Hepburn)說：「人之所以為人，是必須充滿精力、自我悔改、自我反省、自我成長，並非向人抱怨。」她在晚年時擔任聯合國兒童基金會親善大使，親赴拉丁美洲及非洲各國訪問及宣導。即使發現罹患了結腸癌，仍不停止行程。

奧黛莉赫本病重時，德雷莎修女(Mother Teresa)要世界各地的修女共同祈禱，但她終究無法康復，享年六十三歲。如今大家不僅懷念奧黛莉赫本天使般的清純面容，更懷念她高尚的人格，因為她是一位能自我悔改、自我反省、自我成長的楷模！

10 停止失敗，聚焦成功

習慣從最惡劣的環境中，尋求最好的結果。相信：成功是因為能力強，失敗是因為努力不夠。

不讓舊日傷痛，阻擋未來幸福

女兒剛讀高中時，學校的心理測驗發現，她有明顯的憂鬱傾向。我雖關心但不擔心，原因由她以下的三篇週記即可知：

這個學期開始，我可能無法當個好學生。心中殘留太多有關追逐第一志願，但最後失敗的回憶，使我周遭出現憂鬱與不滿足的氛圍。是我自己的錯，……但我暫時是跳不開的。如果願意給我機會、等我再次起步，我會表現真正的自己，不再寂寞與自怨自艾。（二〇〇九年九月）

最近碰到許多國中同學，大部分就讀公私立高職，也都開始工作了（建教合作或實習）。他們開朗的跟我打招呼，說日子雖然有些辛苦但很充實，也能清楚規劃未來的道路。我不禁認為，所謂「基測分數」、「明星高中」根本不算什麼，決定一個人未來的，不是學校而是自己啊！只能說我比他們會讀書、會畫卡（電腦閱卷答案卡），但心靈上比他們堅強、充實嗎？差得多了！（二〇〇九年十月）

今天起，我要踏出嶄新的一步。因舊日的傷痛而放棄未來的幸福，是最不智的。現在的學校、同學其實都非常好，只是我的心固執得不願去接受而已。只要我解放被封印在軀殼中的那顆心，積極、自然表現真正的我，就一定會被瞭解、接受的。（二〇〇九年十一月）

自我調整與激勵

不論你現在遇到的困境是什麼，是否好好的自我反省？是哪些心態或行為造成目前的狀況？要如何自我調整與激勵？例如：找不到工作或失業，讓你愈來愈憂鬱的想法是什麼？如何調整才能重新站起來、走出去？不再讓舊日的傷痛，阻擋未來的幸福。

遇到問題時，先檢視自己的思考內容，並把它逐條寫下來，再一一「重新評估」。這個想法正確嗎？是否誇大了創痛與煩惱？如果不能停止「失敗」的想法，繼續下去會怎麼樣？誠實的列出妨礙自己成功的個人因素或弱點，自問有哪些改善的空間？將焦點集中在「如何成功」，並列出所有可以助你一臂之力的方法。以失業時的自我調整為例：

失業時的自我調整

不合理的想法與行為	自我調整後的想法與行為
我是一個堂堂國立大學畢業的碩士生，竟然會沒有工作！政府在幹什麼？這些老闆怎麼這麼沒眼光？	不論學歷如何，工作上要具備的條件還很多。找工作時，應先瞭解自己的條件是否足夠？並極力爭取「試用」的機會。
寧缺勿濫，何必屈就待遇那麼少、又那麼累的工作呢？	騎驢找馬，先求「有」再求「好」。只要目前狀況可以勝任，都可以去接受磨練、累積經驗。
急什麼！一定要找到「理想的」工作才行！	不要拖！先找到一份「次理想的」工作。也許是自己還不夠理想，或不該奢求工作應該多麼理想。
也許我的學歷還不夠高，所以先不要急著找工作，再自我投資幾年、取得更高的學歷再說。	除非經濟方面可以自給自足，否則若一定要追求更高的學歷，還是「半工半讀」或「在職進修」較好，儘可能不要跟就業市場脫節。

成功是因為能力強，失敗是因為努力不夠

正向或積極思考（positive thinking）的人，不會否認「失敗」的存在，而是拒絕與「失敗」共浮沉。如果事情一不順心就緊張、煩躁，根本沒有一點兒好處。

正向思考是指，習慣從最惡劣的環境中，尋求最好的結果。相信：**成功是因為能力強，失敗是因為努力不夠**。所以，先找出自己的強項能力，再加以充實，就能邁向成功。就算失敗了，也要檢討如何改進，激勵自己愈挫愈勇、東山再

YA！終於停止（失敗）記錄了！
下次目標──「一次成功」
合格
UP
（經過N次退件）

起，實踐「失敗為成功之母」的道理。失敗時，應將時間用在增強自己的能力，而不要浪費在焦慮、抱怨上。

反之，失敗主義者則認為：**成功是因為運氣好，失敗是因為能力不夠**。能力是先天賦予的、無法改變，所以若沒了運氣，就注定會失敗。抱持這種想法的人，就不會懂得付出以追求成功，也不知從何努力起。時間就只會耗費在自卑、憤世嫉俗、哀傷……等種種負面情緒當中。

運氣這個因素，是可遇而不可求的。寓言故事「守株待兔」的農夫，不僅抓不到兔子，也荒廢了耕地。真實人生中，你想重蹈覆轍嗎？

負面情緒會耗費個人有限的體力及心力，實在非常可惜。但負面情緒不能壓抑，愈壓制反而爆發得愈厲害，唯有以正向情緒及行動來取代它。所以，即使是掃掃地、洗衣服等簡單的事情，都比「坐以待斃」來得有能量。

11／看看你的「偶像」如何管理時間

史懷哲說：在知識方面是悲觀者，我的意志和希望卻是樂觀的。

我已好好活過了

我的「偶像」史懷哲，在七十八歲時獲得諾貝爾和平獎，九十歲時病逝於他一手創辦的蘭巴倫醫院，死前他說：

上帝！我盡了全力，我已好好活過了。

多少人能像史懷哲這樣，活得盡興、死得圓滿啊！

一八九六年，史懷哲剛滿二十歲時，他覺得自己不該如此安逸，一定要「付出」什麼來回報這個世界。其實，史懷哲的家境並不富裕，父親是牧師，在他十歲要讀高等學校時，因父親無力供應，所以住到叔祖父家，接受別人的濟助。但是，當他看到周遭人的痛苦，仍不禁生出同情心及無限的嘆息：我對世界上的痛苦問題很關心，但不因思索這問題而茫然若失。我深信如果我們每個人多少都能貢獻一些力量，這問題多少也能獲得解決。我漸漸明瞭，每個人可照自己的意思去做事，但須以合力解決痛苦為目的。

他決定在三十歲以前，努力研究科學及藝術，之後則要直接服務於人群。史懷哲二十九歲時，從一本雜誌上看到「非洲迫切需要醫生」的訊息，於是決定前往非洲行醫，以此來「直接服務人群」。

他的親友大都不贊成，他也知道這條別人未曾走過的路途很危險，但仍毅然辭去教授職務，重新成為一個醫科學生。三十八歲取得醫學博士學位後，隨即前往非洲的剛果，創辦了蘭巴倫醫院。

從三十八歲至八十九歲，史懷哲進出非洲十三次。離開非洲的原因，除了二次大戰期間被關入集中營之外，多是應邀至歐洲及美國巡迴演講及舉辦風琴演奏會，為蘭巴倫醫院募款及招募醫師。

史懷哲認為，立志行善的人，即使別人搬了幾塊絆腳石在他面前，也應處之泰然。因為，行善需要堅強的意志力，他說：

如果有人問我是悲觀者或樂觀者，我會說在知識方面是悲觀者，我的意志和希望卻是樂觀的。

如果蠟燭很長，為什麼不可以？

史懷哲在非洲蠻荒之地創建醫院，其中的艱難與考驗，往往超乎想像。史懷哲在壯年時期，每天工作多達十六小時，但他步履仍然快捷有力，體內彷彿蘊藏著莫大的潛力，還能夠以很少的食物和睡眠支持下去。有一次他工作至清晨四點，朋友勸他：「你不應該把蠟燭兩頭都點著。」他回答：

如果蠟燭很長，為什麼不可以？

這是一句多麼有自信又具雄心的壯語啊！想到史懷哲懷這樣偉大的志

向，以及終生風塵僕僕的行動，就提醒我不能偷懶。因為，跟偉人比較，我們做得實在太少了。

終生不輟的創作

我的女兒最崇拜文藝復興三傑之一的米開朗基羅(Michelangelo)，他是著名的雕刻家、畫家、建築師、工程師及詩人。當時有人嫉妒他的才華，以為他只會雕刻、不會畫畫，所以故意向教皇建議讓米開朗基羅來畫西斯汀教堂的天井壁畫，想使他難堪。他極力推辭，仍被教皇強迫去畫。動筆之日，他憤怒的寫著：「一五〇八年五月十日，我，雕刻家米開朗基羅，開始作西斯汀的壁畫。」原先有多位佛羅倫斯的畫家一起協助他，但他對那些畫作均不滿意，最後決定獨自一人完成全部作品。

他花了將近四年半的時間，完成長四十公尺、寬十四公尺、距地面高達二十多公尺的《創世紀》壁畫，共九幅主體畫、三百四十三個人物。其中一百多個人物，比真人還大兩倍。完成時，正值壯年的米開朗基羅，已顯得老態龍鍾。加上作畫時須長期躺在十八公尺高的腳架上，弓著腰、仰著脖子，使他失去了健康，身體變得畸形。

六十歲時，教皇又要他繪製西斯汀教堂的祭壇畫——《最後的審判》，這是《創世紀》天井壁畫的延續及發展。他抱著「要使希臘人和羅馬人黯然失色」的雄心，花了六年時間，完成兩百多個巨大人像。

七十二歲時，他開始建築聖彼得大教堂的圓穹頂，在即將完工的前夕，他與世長辭了，享年八十九歲。臨終前，米開朗基羅覺得十分遺憾，不是因為生命的結束，而是事業的終止。他說：

當我剛剛對藝術有點入門，正打算創作真正的藝術作品時，卻要死了。

唯有米開朗基羅這麼偉大的人，才能說出「我剛剛對藝術有點入門」這麼謙卑又深刻的話啊！他對自己的目標，花了一輩子的時間兢兢業業、精益求精，創造出無比的成就，還覺得不夠。我們呢？往往在茫然、沒有目標中過一天算一天，或對於一個目標只有三分鐘熱度。有了一點成就又志得意滿、不可一世，不再繼續努力。想來真是慚愧啊！

12 他為什麼精神奕奕、充滿熱忱？

嚴長壽說：我挑人最基本的條件就是「熱忱」，工作的動力與價值就是你的熱忱！

不能入「寶山」卻空手而回

我目前在五所大學兼課，常看到有學生上課時懶洋洋、提不起勁的樣子，好像任何時間都沒睡飽。以前的學生會設法撐下去，現在則是上課時直接趴下來睡。他們說：

要打工、唸書，還有社團活動，忙得很！根本沒時間好好睡覺。想規律的作息及運動，更是不可能。

大學生因為睡眠不足、休息不夠，以及幾乎不運動，所以失去年輕人應有的活力。其實，**上了大學後更要學會自我管理，否則就變成浪費生命。**

大學生如果分不清生活的重點，甚至本末倒置，為了打工而忽略課業，為了上網而睡眠不足，就會使生活作息紊亂、人生目標模糊。惡性循環之下，變得更加茫然、頹廢。若不能及早醒悟，只看見那些跟自己一樣迷糊過日子的人，就會對大學生活更加失望，以為讀大學只是「由你玩四年」。

真正聰明的大學生，不會盲目地只想進入明星大學、熱門科系，而會選擇自己熱愛的學系，即使再冷門，仍然堅持自己的決定。同時，為了兼顧日後謀生所需，會選讀雙學位或輔系、學程。並**訂定四、五年的中程目標，珍惜寶貴光陰，充分利用大學的軟硬體資源，如圖書館、社團、姐妹校，以充實自我**。所以，真正聰明的大學生，總是精神奕奕、充滿熱忱，絕不會入「寶山」卻空手而回。

不讓心靈陷在漫漫長夜中

學生為了升學、就業，而覺得壓力很大。社會人士也一樣，常在疲累不堪後，有一種「為誰辛苦為誰忙」的感慨！名作家游乾桂在三十歲時即享有名氣，擔任多所醫院的心理師、《父母月刊》總編輯、宜蘭生命線主任，還主持電視、電臺節目，著作也很多。但他總覺得不對勁，在《閒居七年》一書自序〈告別狗日的生活〉中說：

> 大約十年前，我開始對工作一事感到無比懷疑。難道一年五十二週，一週七天，一天二十四小時，都得像陀螺一樣轉個不停。天天被堆積如山的事兒，逼得喘不過氣來？

游乾桂形容當時的狀況是「被倦怠所擾，心靈陷在長夜之中。」他說：

> 為了錢，天天忙碌，奮力苦掘，明明知道這不是我要的，卻又偏偏跟著潮流舉棋擺譜，終日與慌亂廝混，倦怠感浮掠心頭。中年危機、壓力和慢性疾病伴隨而來。

這樣的日子影響到生理狀態，使整個人無法放鬆、睡不著覺、經常生氣、自我批判、覺得了無生氣。游乾桂發現，周遭不少朋友，包括：醫生、心理師、記者、編輯、企業家、律師、設計師，甚至出家師父，也都陷入了這種困境。於是他毅然辭去專職，開始學習放慢腳步、悠閒度日。

保持熱忱的方法，既偉大又平凡

「好學生」或「成功人士」也會面臨「倦怠」的困境，因為，從小到大只知向前衝卻不知休息（或不敢休息），儘管很會讀書，事業也相當成功，生命仍是空虛乏味的。拚命努力達成的目標，可能只符合了父母師長的期望，或只是盲目隨著社會潮流走。表面上風光，實際上卻賠上了自己的身心健康。

而今在這不景氣的時代裡，又多了一種「倦怠」族群——「窮忙族」（愈窮愈忙、愈忙愈窮），忙得焦頭爛額、不知所措，卻無法獲得滿意的生活。能及早反躬自省而及時脫困的人，又有幾個？

反之，為何有人不論在職業及生活上，似乎都不會倦怠，一直精神奕奕、充滿熱忱？不少人質疑我上課或演講時，為何能一直保持笑容？難道沒有消沈的時候？尤其知道我困頓的成長背景，更認定我的笑容是虛假、不真誠的。

於是我問讀高中的女兒：

以你跟媽媽相處十多年的經驗，你覺得媽媽的笑容是虛假、不真誠的嗎？

女兒回答：

不！我覺得你的笑容是開朗的，不是裝得出來的。只是人們總不相信自己做不到的事。

讓我時常笑口常開、保持生活熱忱的方法是：

1. 設定「獲得諾貝爾和平獎」的偉大目標。
2. 認真學習新事物，如聲樂、瑜珈、胡琴、流行歌曲。
3. 持續閱讀好書、新書。
4. 不斷規劃新書寫作，以及天天筆耕。
5. 堅持最高的心靈品質：多與丈夫、子女、手足、好友、學生「心靈互動」。
6. 堅持最高的工作品質：大學課程、演講與工作坊均充分準備。
7. 經常、主動自我更新。
8. 成為多職人，同時做多件事，讓生活充滿變化。

亞都麗緻總裁嚴長壽說：

現在我已經很少親自面試員工，但如果今天由我面試，我挑人最基本的條件就是「熱忱」。……工作的動力與價值就是你的熱忱，當你對細小的工作環節，能抱持著用心的態度，就能找到快樂與成就感，你的熱忱就能激發出超越心智和體力的巨大能量。（節錄自聯合報，二〇〇八年六月二十四日）

保持熱忱的方法，既偉大又平凡。「偉大」在於可以訂定一個如「獲得諾貝爾和平獎」這樣崇高的目標，「平凡」則在於「對細小的工作環節，能抱持著用心的態度」。但不論是偉大或平凡，都是常保生活熱忱的活水泉源。

13 會輸，應該跟遲到有關

不想輸，就得從準時開始！

遲到，損人而不利己

我在S校和T校兩所大學，都開了「溝通與口語表達訓練」的課程，所以決定幫兩校舉辦「辯論友誼賽」。第一次由T校主辦，S校是客隊。T校學生以電資學院為主，他們頗擔心自己電子、資工、電機、高分子等系的背景，很難打贏主修新聞、傳播、廣電、公廣等學系的對手。然而，出乎意料地，T校卻獲得了辯論總決賽的冠、亞軍。由於雙方差距不大，所以S校學生很不服氣，不知道自己為什麼會輸？

期末繳交書面心得報告時，S校一**位同學在報告中表示自己很後悔，他覺得當天會輸，應該跟他的遲到有關，**因為他影響了自己隊友參賽的心情。

原本下午一點開始的辯論比賽，當他到達時，已經一點二十分了，所有的隊友都臭著臉等他。如果時光倒轉，這個學生沒有遲到，比賽結果會否不同？

遲到，不僅不禮貌，還會給人帶來困擾，對自己也沒有好處。記得比賽當天，我在校門口等著接裁判，看到T校兩位接待同學也在等約定十二點四十五分到達的S校同學。結果，能稍微提前到達的只有三、四位。一半以上的同學，都晚了十分鐘甚至二十多分鐘。那天天氣很熱，大太陽下，T校同學從十二點半等到一點十五分，足足曬了四十五分鐘。

不能準時，就沒有競爭力

比賽隔週，我到S校上課時，再度強調「準時」的必要及「不準時」的危害，我舉了在C大學兼課時的實例。期末考有位同學缺考，後來才知道當天他起床晚了，雖然坐計程車「趕考」，仍因超過六分鐘而未能「達陣」。上午八點半的考試，雖然有三十分鐘的緩衝時間，但他趕到時已經九點零六分了。花了好幾百元的計程車費，仍不能破財消災。而且依照學校規定，未參加期末考試，該科即不及格。所以一學期的努力，就因一次遲到而前功盡棄。

「不準時」是年輕人的問題嗎？行政院政務委員、臺大教授薛承泰表示：年輕人如果沒有競爭力，國家有再多的飛彈都沒用。我認為，大學生的生活作息與競爭力息息相關，我期待大學生都能準時去上八點鐘的第一堂課。因為，如果連正常的生活作息都有問題，哪來的競爭力？（節錄自聯合報，二○○九年二月十八日）

以我教大學二十年的經驗發現，不知何時起，大學生遲到已成了常態，準時的學生愈來愈少。課前我要花好多心思「恩威並施」，設法使學生不要遲到。上課時也因常提醒學生準時，以致「剝奪」了想學習者的時間。其實我會再三叮嚀，與薛承泰教授的想法一致。大學生無法準時上課，上課精神又不濟，這樣的學習態度，怎能培養出競爭力？

不想輸，就得從準時開始

不準時的人，做事總拖拖拉拉，也耽誤了後續的行程。哪一天才能真正

醒悟：不想輸，就得從準時開始！

我自己也曾在一次重要的求職面試中，在最後一刻才匆忙趕到。因為心情尚未平復，甚至還微微喘著氣，在身心狀態沒有調適好的情況下，回答問題就顯得有些慌亂，當然沒有錄取。

準時不是指時間算得剛剛好，而是至少提前十分鐘才算「準備好了」。當天我會遲到，是因為出門晚了，臨時又發現缺了一項重要的資料趕著去印，時間當然不夠囉！另一次求職面試，我就不敢再掉以輕心，提早一個小時到達。因為時間很充裕，我就四處走走看看。因為心情輕鬆，所以看出該機構許多優點。面試時，我將觀察心得適時表現出來，結果我錄取了！

不僅上課、約會要準時，工作更要如期完成。準時的好處多多，對自己而言：

1. 心情不會焦慮，能從容優遊。
2. 行動不會匆促，還留有餘地。
3. 結果不會失敗，能慢工出細活。

對別人而言，會因你的準時而覺得心情愉快，團隊工作的效率及成果均得以提升。

我們不僅自己要準時，也要督促朋友準時，以免跟著平白浪費許多時間。所以，下一次若聽朋友說：「等我五分鐘」，小心！也許一等就是五十分鐘！千萬別掉入陷阱。

14 做個「能玩能K」的人

趨勢專家大前研一認為，這個時代要多多培養「街頭聰明」，才能「經得起挫折」、「化危機為轉機」。

「能玩能K」，才是幸福人生

成為一個「能玩能K」的人，也就是能兼顧工作與遊戲，這是幸福人生的練習曲。

我曾應邀到一所PR值九十以上的公立高中為家長演講：**做個「能玩能K」的完整學生**。因為，該校的教務主任常接到家長投訴，「抗議」學校放任學生玩社團，以致大學聯考成績輸給其他高中。所以教務主任希望我這個「外來和尚」，能協助學校與家長溝通觀念。

然而，這所高中的校長卻擔心，這個演講題目不但無法吸引家長前來，可能還會引發誤解。畢竟，家長關心的仍是考高分及進入理想的大學，**能贊成甚至鼓勵孩子參加社團的家長，還是不多。**

從前我擔任師資培育中心主任時，也有類似的困擾。當時我主張想擔任中小學教師者，應具備社團或志工經驗（最好能擔任幹部）。我的同事卻反對，他們說，常參加社團活動（尤其是幹部）的人，大多是玩過頭、不用功的學生；功課好的人，是沒時間參加社團的。這種說法與我大學時代的經驗完全不同，至今我仍覺得社團活動尤其是擔任幹部，其中溝通與領導的經驗惠我良多。而且，許多人都能兼顧社團及課業，使兩者相得益彰。

會玩，才會成功

趨勢專家大前研一在《Off學：會玩，才會成功》一書中提到：

「學術聰明」就是學校成績很好的人才。這些人才的專長在於，有效的完成所交付的工作。然而，對於新的挑戰，卻缺乏應變的能力，容易受到挫折。

相對的「街頭聰明」，就是在街上、道路上成長，現場經驗豐富的人才。這些人才的優點是人際關係的建立、能夠嗅出潛在的機會與危險，以及有失敗的抗壓性。

大前研一認為，在「生存」與「快樂」兩方面都面臨巨大挑戰的現代社會，一定要多培養「街頭聰明」，才能「經得起挫折」、「化危機為轉機」。其實在社會工作之後，可以清楚發現，職場上經得起考驗的人，往往不是所謂「學術聰明」的人。「高學歷」的一紙文憑，不能保證找到工作，職場上還需要許多條件相互配合，例如：敬業、同理心、誠實、虛心、實作、時間管理、情緒調節、抗壓、人際相處、衝突化解、領導、表達與溝通、團隊合作、負責盡職、學習意願、工作方法等。就業前再培養這些「非學科的」就業力，是絕對來不及的。應從國、高中起，就將「能玩能K」作為教育目標。

女兒讀國中時，校長堅持七年級、八年級的每位學生，都要參加一個學校社團。若不如此「規定」，「聯課活動」時間往往被老師挪為升學準備之用。

真正的「能玩」與「能K」

真正的「能K」不是「強逼」著拿高分（這樣容易有焦慮及憂鬱傾向），而是**懂得「學習方法」，培養良好的「學習習慣」**；能自動自發、自我負責，能體會學習的樂趣、自行突破學習的困境。這樣的學生，不僅在升學方面能「獨立自主」，找到適合自己的道路。更能拓展閱讀的範圍、讀出樂趣，培養「終生閱讀」的習慣。

哇~為什麼成績還是那麼差~
玩~♡
K書
看看你的計畫表吧！
一在學生時代一

我在參與「溫世仁基金會」推動閱讀活動時發現，我國的學生不易培養閱讀課外書籍的習慣，原因是國中以上的學生，大都將時間花費在準備升學考試上，所以閱讀教學推展不了。形成了**我國學生很「用功」(studying)，但**

不「讀書」(reading) 的弔詭現象，實在可惜！

「能玩」的部分，在我國的教育體制下，父母常擔心孩子「玩過頭」，所以不大鼓勵。但以現況而言，家長必須鼓勵孩子「能玩」，除了個人的休閒活動外，也要多參加社團，因為：

1. **大學「甄選入學」的需要**：以臺大來說，政治系、物理治療學系、職能治療學系、園藝學系、工商管理學系、國際企業學系、法律系等，均要審查社團活動資料，許多大學亦然。

2. **提升就業競爭力**：溝通、領導、協調、團隊合作、抗壓等這類非專業知能的軟性技巧，常是企業是否錄用你的關鍵。透過參加社團，學習才藝、拓展視野與增加彈性，日後才能成為一個能文能武、多才多藝的「多職人」。懂得如何在職場上求生存，避免失業的危機。

3. **維護身心健康**：社團活動是很好的壓力紓解管道，可以當作休閒活動外，還有助提升生活品質，拓展人生目標。

4. **找到志同道合的夥伴：**與志同道合者共同達成任務，不僅能激發潛能、建立自信，更能獲得無比的快樂。求學階段建立的革命情感，最為純真，常可維持十年、二十年甚至一輩子。著名的樂團「五月天」，就是高中時代開始組團的。

5. **拓展人際關係：**參與社團可將人際關係拓展至其他班級、年級、學校、地區，甚至其他國家。不至於困在小圈圈內，感到孤獨或產生無謂的爭鬥。尤其是擔任社團幹部，更可學習人際相處之道，培養領導與說服的能力。

芬蘭能，臺灣當然也能

從社團活動開始，進而鼓勵孩子擔任志工，這是我國家庭及學校教育特別需要加強的一環。如洪蘭在〈芬蘭能，臺灣為何不能？〉一文中說，**芬蘭興起的三個原因中，其中一個就是「培養人民的愛心、公德心和自尊心」**：芬蘭人民有愛心，在他們自己生活都還很窮困時，大部分的公民每月都固定捐出薪水的百分之一做公益，幫助國內外比自己更窮的人。……全國五百萬人口中，竟有八萬多個非營利組織，這些活動豐富了芬蘭人的生活品質，也提升了他們的情操。（節錄自聯合報，二〇〇八年十二月十五日）

其實，芬蘭能，臺灣也能！從八八水災的救災活動，或臺北市舉辦聽障奧運等活動，看到我國無數社會人士及學生擔任志工，付出自己的時間與能力，親身體會助人的喜悅，相信臺灣也能因此而振興。

15／多元發展與未雨綢繆

青輔會調查發現，我國大專畢業生在穩定度及抗壓性、良好的工作態度和表達溝通能力等「軟實力」上，普遍不足。

多種專業齊頭並進

多才多藝者如史懷哲，在學術上，他二十四歲獲得哲學博士學位，二十五歲獲得神學碩士學位；音樂方面的才藝，八歲起彈風琴，九歲曾在教堂替代正式琴師演奏，後來成為詮釋巴哈 (Johann Sebastian Bach) 作品最成功的研究者及演奏者。他還獲頒多個榮譽博士學位，如：牛津大學神學博士、愛丁堡大學神學及音樂博士、聖安德魯斯大學法學博士。

史懷哲為了去非洲行醫，還取得醫學博士學位。為了創建醫院，更把自己訓練成「全方位」人才，十八般武藝樣樣精通，充分實踐孔子所說「君子不器」❶的精神。

史懷哲的一生，都是多種專業齊頭並進。他利用「空餘時間」寫作，出版了多種著作，如：《耶穌生平的探討》、《巴哈論》、《文明的哲學》、《巴哈風琴樂譜》、《在原始森林之間》、《使徒保羅的神祕思想》、《印度的思想及其發展》、《非洲雜記》等，五十七歲時完成了自傳——《我的思想與生活》。

巴黎的巴哈學會不忍這位音樂天才被埋沒在非洲，於是贈送他一座重達三噸、適合熱帶氣候彈奏的鋼琴。這鋼琴陪伴史懷哲在非洲度過半個世紀，當一天繁重的工作結束後，史懷哲就坐在鋼琴前演奏，這是他鬆弛身心、蓄積工作力量的泉源。這項專業讓他得以在世界各地巡迴演奏，為蘭巴倫醫院募款。從事巴哈的研究與著述，也充實了他的生活。

❶出自《論語・為政篇》，孔子認為「君子」要體用兼備，不只一才一藝。不能像一只器皿，只適合某種用途而不相通。要靈活、彈性，具備各種型態、發揮各種功能。

硬實力與軟實力

許多大學畢業生找不到工作時總抱怨：大學文憑或高學歷沒有用。不論事實的真相如何，至少提醒還在就讀大學的學弟妹，除了學歷之外，還得具備其他「就業力」，學習管道也應擴及圖書館、老師的研究室、傑出的學長與校友、社團、校際活動、企業實習、打工、志工……等。現代的求職者不僅要具備「硬實力」(hard power，指專業的技術及知識)，也要擁有「軟實力」(soft power) 或「軟性技能」(soft skills)。不管是否就讀明星學校，都不能「踩在雲端」、虛無飄渺的過日子。

美國作家佩姬・克勞絲 (Peggy Klaus) 所著《軟技巧，還是硬道理？——你會感謝有人告訴你的職場生存術》一書中說：不管有經驗或青澀的就業者，他們錯失良機或是入錯行的真正原因，不是技術或專業不足，而是在軟技巧這個部分，沒有下夠功夫。

所謂硬邦邦的基本功，是指職場上所需的技術及認知能力，然而軟技巧則可以讓人有效率地運用已知的技術及知識。現在的工作型態，只會不斷增加對軟性技能的需求。**軟性技能的範圍很大，如：自知之明、值得信賴、認真負責、有主見、主動進取、正直、自制、有影響力、可承受風險、能解決問題、有領導才能、做好時間管理等。**

及早開始、未雨綢繆

青輔會調查發現，現在大學畢業生的就業強項條件包括：電腦運用能力、創意能力及專業證照，但在**穩定度及抗壓性、良好的工作態度和表達溝通能力等「軟實力」上，卻普遍不足**。所以青輔會建議年輕人多從社團活動、公共參與、志工參與、旅遊學習等課堂以外的場域學習，培養自己成為具有多元能力、全方位的人才。

找不到理想工作或失業時，應反省自己是否錯失大學時期或在職進修的機會，以致專長不足？目前「尚有」工作者，也該居安思危、及早做好生涯轉型，**主動成長與提前學習**，以免「書到用時方恨少」。

林其沛就是個主動成長與提前準備的最佳例證。他在大學時代攻讀商科，退役後進入銀行工作，捧著人人稱羨的金飯碗，日子過得無憂無慮。但很快就感覺，每天重複一樣的事情實在悶得慌，於是他開始投入自己的興趣——日文。取得「通譯案內士」❷的資格後，他辭去銀行的工作，目前是日本線的專職導遊。（節錄自聯合報，二〇〇八年十二月二十二日）

許芳菊在《關鍵能力：你的孩子到底該學什麼？》一書中說，未來的教育應培養學生具備下列八大關鍵能力，包含：

1. 用母語溝通的能力。

❷通譯案內士是日本政府為了與日俱增的亞洲籍觀光旅客，而特別設立的國家級證照考試。提供給能熟稔日語／華語的導遊，有個正統的證照證明帶團實力。通譯案內士考試資格不限，沒有年齡、性別、學歷、國籍等限制，只要自認日語程度不差，加上努力，就能取得這張執照。

2. 用外語溝通的能力。
3. 運用數學與科學的基本能力。
4. 數位學習的能力。
5. 學習如何學習的能力：包括，時間管理、解決問題、蒐集資訊、有效運用資訊的能力。更具體地來說，就是管理個人職業生涯的能力。
6. 人際互動、參與社會的能力。
7. 創業家精神：能夠擁抱改變、勇於創新，能夠設定目標、策略，追求成功。
8. 文化表達的能力：能夠欣賞創意、體驗各種美感經驗。

瞭解了「自我充實」的重要性後，下次看到學校或公司舉辦研習活動時，就不要再猶豫了！

16 時間壓力的真相

對於壓力，我們不僅不能逃避、厭煩、恐懼，反而要主動的面對它，用平常心甚至是歡喜心看待它。

心安就有平安

一般人覺得壓力好大時，通常會找一堆理由來自我安慰，如：事情太多、時間不夠、提不起勁、能力不足、焦慮……等，這些聽來都算理由，但都無法解除壓力，所以，真正的關鍵還是自己的內心。

有人說：「先處理心情，再處理事情。」聖嚴法師說：「心安就有平安。」**若不能放輕鬆、調整好呼吸及步伐，就不能走遠路**。盲目的衝刺，只是落得吃力而不討好，提前耗盡心力。

心理學有「A型人格」、「B型人格」的區分。A型人格犯了「緊急病」，總希望事情做得愈快愈好。但又拘泥於早期經驗、不肯改變，結果不僅缺乏創意，也常事倍功半。

「A型人格」的人不能接受「時間有限」的事實，硬要跟時間搏鬥。只想在期限內完成，表示自己戰勝了時間。因為他們缺乏安全感，所以只能一直追逐別人的認可，永遠沒有停止的一天。

「B型人格」的人則情緒穩定，**相信有足夠的時間可以做完應做的事，不會陷於刻板想法。會花時間深思熟慮，比較事情的各種可能性並加以實驗，**因而創造出驚人的結果。但這不表示B型人格者沒有野心，相反地，他們的野心可能比A型人格更大。但他們相對較穩定、有信心及安全感，不像A型人格者那麼容易激動及生氣。

想成為B型人格者，首先得知道自己能力的極限，不要老注意自己能力不及的地方而備感挫折。其次，對於文學、音樂、戲劇、哲學、歷史、科學、大自然等方面，要恢復或培養出興趣。玩樂的時候，要確實從中發現樂趣或鬆弛情緒。不要因為時間緊迫而不耐煩，更不要對人有敵意或故意炫耀自己。

找出壓力洪流的上游

生活中有許多壓力來源，如：憂慮未來的前途、工作太繁重、時間不夠用、擔心身體健康、覺得一事無成、人際關係的困擾等。這些壓力都是正常的，不可能完全排除。如果該做的都做了，仍感到每天「充滿」壓力、不快樂，可能需要休個假，單獨或找個親近的人陪伴，到一個安靜的地方，誠實地自我分析，如：

目前的工作對自己、家人具有什麼價值？

什麼原因讓我承受不了正常的壓力？

什麼狀況讓我覺得壓力變大？

我是不是不知不覺已變成A型人格者？得不到認可及升遷而失去安全感？

這樣下去，會不會得到憂鬱症？要如何自救？誰能幫助我？

訂定壓力解除的期限

對於壓力，我們不僅不能逃避、厭煩、恐懼，反而要主動面對它，用平常心甚至歡喜心看待它，因為它是正常、不可避免的。我們可以把壓力當做一種警訊，它不是件壞事。重要的是清楚壓力所在，然後分配時間一步步地消除它。

壓力的來源包括長期事件及臨時事件兩類，消除壓力的具體策略如：以半年為期，訂定各種壓力解除之方法與期限。如下面的示例：

壓力源與解除表（以二〇一〇年一月至六月為例）

	壓力來源	解除期限	解除方法
長期事件	1. 工作上與上司的相處問題	1/15～2/15	找機會與上司懇談或請教
	2. 健康上睡眠不足	1/12～3/30	提早睡覺、早起運動

	3. 在職進修的課業要求	1/12～6/10	提早規劃、分散進行
	4. 家人生病	住院期間1/12～2/20，之後預計休養三個月	由家人共同排班照顧，不足時再請看護
臨時事件	1. 達成工作業績的某些目標	1/12～4/30	1. 與工作團隊商議 2. 請教前輩 3. 拜訪潛在客戶
	2. 工作上承辦的大活動A	3/1～4/15	1. 規劃時程表 2. 與相關人員討論及分工 3. 定期會議以檢查工作進度
	3. 研究所的作業A	1/1～1/30	1. 提前開始 2. 多利用平常的零碎時間 3. 善用假日較長的時間
	4. 研究所的作業B	3/1～5/30	1. 提前開始 2. 多利用平常的零碎時間 3. 善用假日較長的時間
	5. 排班到醫院照顧母親	1/12～2/20	1. 與家人排班前往醫院照顧 2. 其他時間則打電話到醫院關懷母親

對預計完成的期限應放寬一些，除了可以減少壓力，也較易提前完成，可增加自信心與成就感。

化團隊的阻力為助力

時間的壓力有時來自別人，因為他們的拖延、推託、催促，加重了我們的負荷，使我們在有限的時間裡，得擠出更多時間來完成多出來的工作。若能化阻力為助力，確實的分工合作，大家都能從團隊合作中紓解壓力。

工作上，有些人因為能力不足或較易拖延，以致其他人不得不挪出時間來幫忙他。若他不能及早成長，就會拖累別人。所以**不少企業將「時間管理」列為員工的「必修」課程**，若企業中一直存在需要別人幫忙的員工，必定會拖垮公司及其他盡職的員工。工作團體中要避免時間壓力，有以下幾個方法：

1. 準時：不論開會或工作，都要準時開始及結束，將「準時」變成組織規範與文化。
2. 安排談話時間：與上司、同事、下屬、客戶等相關人員談話時，儘量先預約，不要隨便打擾。所約的時間，要包括「結束時間」，如預約三點至三點半，避免耽誤別人及自己的時間。

3. 儘早開始：與別人合作，應規劃工作進度，儘早開始及準時完成，給別人充裕的時間銜接。

4. 確實分工與檢核：團隊工作之前，須建立共識及分工，透過定期會議或抽查檢核，以免做錯或白做。

家庭中亦然，許多職業婦女「蠟燭兩頭燒」，終日為工作及家事忙得焦頭爛額，卻沒有達到想要的結果。這時就該好好思考：如何讓家人共同分擔家事。團隊合作的用意，就在減輕個人的壓力。

做個小練習，如果你覺得最近力不從心、做事提不起勁，可能就是被一些內在或外在的壓力壓得喘不過氣了。透過「壓力源與消除表」的練習，好好寫下自己的壓力源，並認真思考該怎麼解決它們，然後親身實踐，看看效果如何？

臨時事件	長期事件	
		壓力來源
		解除期限
		解除方法

17／兩性和諧與時間管理

一個幸福的家庭，必須大家一起成長、互相幫助，每個人都得到自我實現。

女人改變了，男人怎麼辦？

美國加州大學心理學教授摩特・雪維茲（Morton H. Shaevitz），在所著《跳出兩性拔河的陷阱》一書中指出，二十五年前多數人會選擇結婚，並希望與同一個伴侶維持長久的婚姻關係。過去男人回到家中，得到來自於妻子服侍的摯愛與專注，使他在家庭與情感的需求，以及性的本能上得到滿足。

到了九〇年代，女人對於自己的感覺與想法，和過去大不相同。雖然還是承認妻子與母親的角色很重要，卻不認為是唯一的身分證明。她們解除了從前認為「女人應該如何」的刻板限制，充滿信心與活力的做自己想做的事。

女性外出工作後，開始重新安排自己的生活次序。家庭不再居於首要，如何打理家務及教養子女，會拿出來與家人公開討論。她們甚至把工作帶回家，或為了尋求自主而情願離婚。

女人改變了，於是每件事也跟著改變。男人不得不去面對變局，否則男女雙方的精力、情感及成就，會因互相牽制而抵銷。男女爭鬥之下，兒女成了最大的受害者。從前是「男主外，女主內」，而今不論女性是否外出工作，她們都希望擁有自己的時間與空間，不只是終日料理柴米油鹽的黃臉婆。**為了創造雙贏，男性勢必得重新安排自己的時間，把打理家務及教養子女納入時間表，而且排在優先的位置。**

誰又在乎你的夢？

我的學生常說：「老師，你『很女權』耶！」因為每次我在講述「創意生涯與時間管理」課程時，都得先「女權」一下，強調「先做人，再做女人」，否則一切生涯規劃都是空談。過去的女人受限於傳統「性別刻板印象」，要突破十分不易！每次講到這兒，我都會「咬牙切齒」地唱陳淑樺的歌曲《問》，證明「女人的悲哀」。

誰又在乎你的夢？誰說你的心思他會懂？誰為你感動？

如果女人，總是等到夜深，無悔付出青春，他就會對你真。

是否女人，永遠不要多問，她最好永遠天真，為她所愛的人。

可是女人，愛是她的靈魂，她可以奉獻一生，為她所愛的人。

傳統的女人十分認命，即使所愛的人不在乎她的夢想、不懂她的心思，仍然願意「等到夜深，無悔付出青春」。而且對男人「永遠不要多問，最好永遠天真」，以換取男人的認同。

鄭進一的《家後》這首歌，也被許多人當成好妻子的典範。

我會陪你坐恬椅寮，聽你講少年的時袸你有外賢。

食好食歹無計較，怨天怨地嗎袂曉。

你的手我會甲你牽條條，因為我是你的家後。

「好妻子」會陪著老公、不離不棄，不論如何辛苦，都無怨無悔。那麼，一個好老公，是否也有相同的標準呢？

女人為何強悍？

我讀博士班時，婆婆幫我照顧不到三歲的兒子。但婆婆覺得女人結了婚就不需要有事業野心，所以要丈夫勸我休學。為此我們夫妻起了爭執，有一晚實在講不下去，背對背嘔氣。第二天，我決定以書信進行溝通。

親愛的「夫君」：

昨晚你說的都沒錯，都是傳統上正確的觀點；但我多麼希望你能與眾不同。

我認為愛一個人，就該使他的潛能得以發揮。你的成就我會深以為榮，你的計畫我會全力支持，你的事情就像我的事情，你要創業，我就是你不支薪、全天工作、絕對服從的員工。對於我，你也願付出同樣的愛嗎？

一個幸福的家庭，必須大家一起成長、互相幫助，每個人都得到自我實現。我認為自己有學識、能力，才能幫助家人成功。否則，你們只有一個傻太太、笨媽媽及不快樂的家庭主婦，這算賢內助嗎？我衷心期望大家都能快樂成長，彼此打氣而非打擊。

你既然愛我、娶我，應對我有相當的認識。我能不能成為賢妻，就看你能否欣賞我、支持我，一如我永遠相信我的丈夫潛能無限一樣。

身為女人是否遺憾，端看所嫁的人如何看待她。我相信，與其獨自暗泣、心有不甘，不如開誠布公、說出真心話。

我不得不「強悍」（其實是「堅持」），否則所有夢想都會破滅。丈夫看完信後，給了我全力的支持。當然，我也會顧慮婆婆的感受及兒子的需求，不會「我行我素」。

如今，每次演講有關「性別平等」主題時，我仍將自己當年面臨家庭及事業（學業）衝突的情況，提出來詢問大家會如何抉擇。結果，多半的人（不論男女）還是選擇家庭。我忍不住單獨的再問女性，答案仍是：「捨不得小孩，小孩需要母親，所以會放棄自己的夢想。」我聽了好難過，原來女性自己也認為，追求事業而無法全心照顧孩子，就不是好女人。然而，女人也應自問：這樣的自我犧牲，真的比較快樂嗎？

18／與時間賽跑

現在不做，明天就會後悔！凡事「做就對了」，否則就會天天沉溺在後悔的漩渦當中。

自救，不能等明天

達賴喇嘛說：

如果你想知道過去你做了些什麼，看看你現在的身體就知道；如果你想知道未來你會發生什麼事，看看現在你的心在做什麼就知道。（修心八偈）

我們常在過胖、身體出問題、失業、愛人變心、孩子學壞等不如意的事情發生後，才懊惱過去沒有好好做些什麼。然而一般人的通病是，短暫的懺悔及安慰明天會更努力之後，當「明天」變成「今天」，一切又再重演，繼續寄望「下一個天亮」。

「**現在不做、明天就會後悔」的事很多，如：運動、休閒、家人互動、人際溝通、語文學習或培養其他專長。**不管想做什麼，真正有價值的仍是「現在就做」。凡事「只問耕耘，不問收穫」、「做就對了」，否則就會天天沉溺在後悔的漩渦當中。

以健康來說，愈來愈多的現代人有「代謝異常」及「心血管疾病」的問題，主要是因為飲食不當、運動不足以及作息不正常。新陳代謝症候群包括：肥胖、高密度膽固醇異常、三酸甘油脂異常、高血壓及高血糖。當腰圍愈來愈寬，罹患新陳代謝症候群的比率也愈高，腦血管疾病、心臟病、糖尿病、高血壓的風險都會增加。所以，董氏基金會建議將「腰圍」列入健檢項目；世界衛生組織與美國食品藥物管制局，也在一九九六年正式將肥胖列為慢性疾病。疾病是日積月累形成的，自救或自誤？全在一念之間。

救人，也不能等明天

以「傳福音、交朋友、養孤兒」為職志的「原住民孤兒之父」、六龜山地育幼院創辦人楊煦牧師，百歲生日時，口足畫家楊恩典及星光二班的梁文音，都回來為牧師爸爸慶生。

楊煦牧師原籍山東，四川省立教育學院畢業。一九四八年來臺，在豐原高中、臺中師範學校任教。與苗栗泰雅族女子林鳳英結婚後，進入神學院深造，之後擔任神職人員。

一九五二年，夫妻倆在臺北家中收容第一位原住民聾啞孤女林路得。三年後南下六龜鄉宣教，由於收容的孩子日多，教會住處已不敷使用，於是帶著廿多名孤兒，到荖濃溪畔買下大片山坡地墾荒定居。新的住處房舍簡陋，出入只能靠流籠渡河。當時行政院長蔣經國先生視察時發現，於是指示有關單位協助改善，並六度前往探視。

六龜山地育幼院以收容原住民孤兒為主，但平地孤兒如果找不到容身之處，楊煦夫婦也義不容辭的收養。**五十多年來，六龜山地育幼院已收容過上千名無依孤兒。**楊恩典為了感恩，將她的兩本口述自傳：《擁抱，生命中的每一分鐘》、《那雙看不見的手》全部的版稅，都捐贈給六龜山地育幼院。

如果只能活到十幾歲

自幼罹患「脊髓性肌肉萎縮症」的陳俊翰，被醫師診斷只能活到十幾歲，但他的母親不放棄，不斷帶他復健，如今他已二十六歲了。

從小就在加護病房出入的俊翰，由於脊椎嚴重側彎壓迫到內臟，導致胃液嚴重逆流、左半邊肺部失去功能。住院對俊翰來說，已是家常便飯。睡覺時如果沒有呼吸器，能不能見到隔天的太陽？連他自己都不知道。

當他以榜首考上新竹中學時，兩手已無法提筆寫字。高三那年能順利到校上課的時間不到兩個月，**但憑著過人的毅力、精神及同學的幫忙，仍以全校第一名的成績畢業。大學學測除數學科外，其餘四科均獲滿分，順利考上臺灣大學。**

就讀臺大時期，校方安排母子同住宿舍。平時由媽媽接送俊翰到教室，媽媽坐在旁邊幫忙翻書、做筆記。遇到交報告時，就由媽媽幫忙找資料，俊翰口述內容、媽媽謄寫，再由同學電腦打字交出去。

二〇〇二年中秋節，俊翰回家過節，夜裡因電熱毯電線走火，嚴重灼傷了他的下半身，在加護病房住院一個多月，仍躲不過截肢的命運。不過，他依舊沒有被擊倒，不但沒有休學，還在升大三時考進法律系，雙修會計與法律。畢業後相繼取得律師、會計師執照，並以榜首成績考進臺大法研所經濟法學組。研究所畢業後，他打算赴美繼續攻讀財經法的博士學位。

看到俊翰如此辛苦及堅持，努力活出精采的人生，我們還能繼續懶散下去嗎？

19／事有輕重緩急

把「重要的事」提前做好，就不會累積成為「緊急的事」。若一直處理「緊急的事」，自然沒時間做「重要的事」。

判斷事情的重要程度

美國西點軍校新生，入學時必須接受「時間管理」訓練。因為要做的事太多，不可能每件事都做得盡善盡美，所以要學習判斷事情的緩急輕重，在「重要」及「次要」之間取得平衡。尤其面對壓力沉重、情況危急時，更要在最短的時間內，找出最可行的方法。

時間管理就是將有限的時間做最好、最有效的安排，每天做時間規劃之前，應先想想：今天有什麼事要做？「重要程度」如何？這個思考包含兩層意義：

1. 提醒自己不要把時間浪費在「無關緊要的事情」上。
2. 改變依「緊急程度」作為時間運用依據的「壞習慣」，才能擺脫一直被緊急狀況追趕的窘境。

把「重要的事」提前做好，就不會累積成為「緊急的事」。若一直處理「緊急的事」，自然沒時間做「重要的事」。而且做緊急的事情，心情一定不好，身心一直處在壓力鍋當中，會妨害工作及生活品質，更不用說把事情做好了。

但是，人性都有「好逸惡勞」的傾向，對於費時、困難、不趕時間或沒興趣的事，會故意擺在後頭。然而這些事情往往才是最不能輕忽的「大事」，因此，學習時間管理首要分辨「什麼事需放在優先位置？」

時間分配的正確順序

事情可分為「緊急」或「不緊急」、「重要」或「不重要」，各自屬於哪些情況，須先分辨清楚。以數學的象限觀念來解釋，橫軸代表「重要」，「原點」

向右為愈來愈重要，向左則愈來愈不重要；縱軸代表「緊急」，「原點」向上為愈來愈緊急，向下則愈來愈不緊急。依此原則可分出四個象限，如下圖：

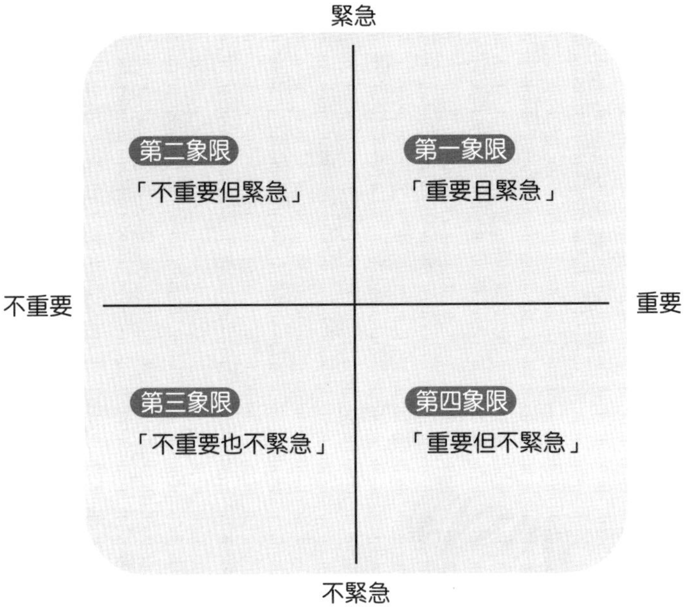

時間分配的第一優先，應為第四象限「重要但不緊急」，其次為第一象限「重要且緊急」。因為時間只應該用來做「重要的事」，盡量避開「不重要的事」。依照重要程度而非緊急程度，為排定事情先後順序的準則，才是時間運用的正確觀念，也是人性的挑戰。由此可知，第四象限優先於第一象限。

一般人的通病是依「緊急程度」來分配事情的先後順序，第一優先通常是第二象限「不重要但緊急」，其次不是第一象限「重要且緊急」，而是第三象限「不重要也不緊急」。因為，重要的事通常不輕鬆，所以人們都會設法避開吃重的工作。

能清楚區辨事情的性質屬於哪一象限，已是時間管理的「浩大工程」，卻非學會不可！以免事情一來就被牽著鼻子走，一陣瞎忙後又毫無成就感。久之，所做的事就幾乎都是無意義、被動的事，白白浪費生命。

跟美女公關吃飯和積欠
的公文哪個重要?
公文啦!
公文!

不是每一通電話都很重要，不是每一次朋友聚會都必須參加，不是每一部電影都值得看首輪，更不要每一次別人拜託的事都接下來……。然而，**有些事情就很重要，非得把握時間、快快去做不可**。例如：閱讀一本好書、養成運動習慣、與家人聯絡感情、尋訪名師、聽一場好演講、學一項才藝、讀一個學位、展開一項計畫等。

重要的事常是「自找的」

即使是重要的事，仍需區辨：

哪些事應該自己做或可委託別人去做？
哪些是別人的事而不要越界？
哪些事應分工合作而非獨自承擔？

其實，事情並非都是「外來的」，很多重要的事反而是「自找的」。也就是說，**除了做好眼前重要的事，還要主動「多做」其他重要的事**。例如：

1.好下屬：願意為老闆及公司「額外」做些工作（當然是合法的），一來可為上司「分憂解勞」，二來也可增加自己挑戰及磨練的機會。

2.好學生：願意多看幾本老師建議的書籍，並利用課餘時間向老師或學長請教、與同學討論。願意花更多時間、精力，把作業做得更完善。

3.好父母：願意多參與孩子的生活世界，陪伴孩子一起從事他們的嗜好及休閒活動，也會參加學校事務、擔任學校志工。還願意研究食譜，為孩子準備營養的餐點、便當（爸爸也可以進廚房喔）。

4.好老師：願意多花時間為學生解惑，協助學生克服學習的實質問題或心理障礙，關心學生未來的生涯規劃。

以我作為自由工作者的狀況來說，絕大多數的事情都是自找的。為了自我充實、開拓事業版圖，得花更多時間主動去「找」及「做」重要的事，不可能被動等別人給我事情。

你呢？為了創造自己生命的意義，也願意「主動」去找「重要的事」來做嗎？

20 生活愈簡單，生命愈豐富

一般人的通病是「貪」，什麼都想要，什麼都放不下，結果牽牽絆絆、心有旁騖，反而一事無成。

要言不繁，繁言不要

「要言不繁，繁言不要」，「繁」是指繁瑣、繁多。此句的「繁」與「煩」相通，強調言詞不要繁瑣，要精煉。人生也應如此！如果想樣樣都「通」，就可能樣樣都「鬆」。唯有選擇重點、專注進行，才有真正的收穫。

可惜，**一般人的通病是「貪」，什麼都想要，什麼都放不下，結果牽牽絆絆、心有旁騖，反而一事無成**。貪多的人，從他的桌子、櫃子就看得出來，必定層層疊疊、雜亂無章。然而，桌面擺滿東西會感覺心煩意亂，像是好多事情沒有了結、被耽誤了；櫃子塞滿時也不舒坦，總覺得找不到真正需要的東西，擔心有什麼重要的事被掩埋了。

最近看了兩本好書——《簡單活出自己》（譚家瑜譯，一九九八）與《一切從簡》（賴雅靜譯，二〇〇四），立即「啟動」我整理「積壓」多年的衣櫃及書架。

我花了好些時間「出清存貨」，才驚覺自己不論是有形或無形的空間，都被一些不必要的、早該拋開或與人分享的東西占據了好多、好久。固然，一般人都喜歡多一件漂亮的衣服、多看一本好書。但是，當衣服愈來愈多，就算再漂亮，也有失寵的一天，好書就更可惜了。所以，清理一下、回歸簡單，會發現好處多多，如：

多即是少，少即是多

1. **騰出更多空間**：千萬別誤會，以為下一句是：又可以再買新衣服，正確的意思是「發現原來還有許多空間」。從前以為「空間狹小」，是因為被太多不必要的東西占據了。當時把這些東西塞進有限的空間，總以為有一天用得到。多年後證明，根本沒有用。可惜，**有人只會抱怨空間不夠，卻從不清理。一輩子沒機會知道事情的真相，只讓自己活得愈來愈「侷促」**。

從有形的物品到無形的心靈，一般人是否也堆積過多沒用的知識，因而產生了成見與偏見，反而使新的、善的知識無法進入！

2. **善用更多資源**：即使再美麗或高貴的衣服，隨著年齡、身材、心境的轉變，可能早已不合適了。若盲目地配合不適合的東西，只會妨礙自己的進步。若能理智的清理，剩下的即使只有十分之一，也會是最有效的資源。

「有限的選擇」比「過多的選擇」好，而且一目了然、節省許多時間。多即是少，例如有線電視臺過多，反而不覺得節目好看；「吃到飽」的自助餐，也會破壞胃口。

3. **愈簡單愈能掌握重點**：進入時間管理高階的人，願意「專注」在簡單的事情，不會因為「只是」燙個衣服，就覺得無關緊要，而想快快做完。其實，燙衣服是件非常重要的事，當我幫先生燙襯衫時，想到他穿著我幫他買的、沒有一絲皺褶的「情人的黃襯衫」，好帥啊！我就好快樂。反之，別人可能會可憐他一副沒老婆疼愛的邋遢相，多慘啊！少即是多，因為簡單，反而能衍生出無窮的樂趣。

4. **使頭腦更清晰、有條理**：由外在清爽的桌面、書架及房間布置，即可看出一個人的頭腦是否清晰、有條理。另一種說法是，從桌面、書架的整理開始，可讓自己的頭腦變得清晰、有條理。因為，桌面、書架的東西如何安置，應有一套規則，因而腦子也要跟著「有方向的」運作。所以經常整理桌子，等於經常整理腦子。

為簡化而整理，由整理而積極

東西整理好了之後，不只頭腦清楚了，心情也會跟著清新開朗。因為，東西凌亂時，會以為自己要做的事情還很多，擔心時間不夠用。其實，整理東西等於學習事情的處理，整理完之後，會發現事情不如自己想像得多或難，於是自信心大增，更有動力展開新計畫、達成新目標。

為了簡化，所以整理，沒想到，卻因而變得積極與正向。有個小故事說，一個懶散的人，因為一束鮮花而開始洗花瓶、擦桌子，進而打掃房間，以襯托美麗的花朵。同樣地，你我也可因整理桌面、衣櫃、書架而改變性格。從習慣於清爽的桌面開始，進而保持清晰的頭腦，創造豐富的人生。

貳 行為篇

01 時間管理「前奏曲」——桌面與檔案管理

若覺得「煩」卻不想辦法改善，結果只會惡性循環，覺得壓力好大，工作像是「還債」。

好的開始，是成功的全部

頭腦是否清楚，與環境是否清爽密切相關。雖然不少人強調自己「亂中有序」，但至少還認同「有序」，可見亂與序之間，「序」仍略勝一籌。希望事實真是如此，而不是自欺欺人。

當然，過度「有序」也許是種壓力，所以**每個人可依自己的標準來整理**。**你期待怎樣的效率，就做怎樣的桌面與檔案管理**。比起毫無管理，狀況一定好得多。已經管理得不錯的人，若能精進管理的方式，更能節省時間、體力及腦力。使工作效率更高，生活品質更好。

為什麼「清爽的桌面與檔案管理」是時間管理的「前奏曲」？因為，若桌面紊亂，會不知事情該從何做起，容易產生逃避、拖延的心態。就算開始做了，也會一直焦慮還有好多事沒做，擔心有些事情被積壓、耽誤，而無法專心於眼前的工作。

然而，若覺得「煩」卻不想辦法改善，結果只會惡性循環，覺得壓力好大，工作像是「還債」，毫無成就感。所以，清爽的桌面與檔案管理，是時間管理的「開始」。而且我強烈認為：**「好的開始，是成功的全部」，因此，桌面及檔案不僅要做到「不亂」，更要養成「有序」的習慣**。

這個好習慣除了應用在工作場所外，私人空間也是一樣，才能內外一致。不管是別人看得到的辦公室桌椅與用品擺設，或是私人的居家環境，都應有一樣的標準。

桌面與檔案管理，有訣竅

桌面與檔案的管理是指，將環境做更有效率的安排，包括：

一、環境整潔、東西定位：

桌面、書架、櫥櫃等的物品如果堆積如山，不僅減少可用的空間，而且眼前一片凌亂，也會跟著心煩意亂，使人不想工作或降低工作效率。整理東西的訣竅包括：

1. **取捨與簡化（減少）**：以工作來說，文件一來即須決定處理的方式，第一，考慮「這件事要不要做？」**先將不必做的事剔**

桌子又不是你的雜物櫃
你要在哪辦公啊?
怒
快住手~

除，再依事情的重要性及期限，分出先後順序。例如「最速件」立即處理，「速件」為當天內處理，「普通件」則為三天內處理。有些事情是一段期限內的工作，則須安排時程表。

私事也一樣，先做取捨與簡化，並不是每件事都非做不可。考慮清楚要不要做之後，再排定先後順序，最優先的為「A計畫」，其次為「B計畫」。盡可能只做A計畫，等到有時間才做B計畫。

千萬不要把文件隨手往桌上一放，等有空時再思考。這個隨手一擺的動作，除了使東西愈堆愈多之外，「等一下再處理」的工作態度，也會重複浪費時間在同一件公文或事情上。

依此類推，居家環境若不要變得愈來愈凌亂，購物之前就要想清楚「是否真有需要？」才能避免家中變成儲藏室、桌椅變成置物處。

2.**保持整潔**：不管東西有多少，都要設法使桌面及環境清爽，工作結束後要恢復原本的整齊。物品放在固定的位置，使用後歸回原位。剛開始也許做不到「保持」整潔，就要經常清理桌面、整理環境。等到整理東西的時間愈來愈少，甚至不需刻意整理時，就已經習慣成自然了。將各種物品放置在最恰當的位置，不僅一目了然、美觀，也省時省力。

二、書籍文件的建檔：

環境要有「秩序」，物品須依某種規則存放。許多人到了成年，還不知如何整理與布置自己的工作及生活空間，可能因為年幼時父母代勞太多，遊戲後不用自己收拾玩具，上學前不用自行整理書包，房間不用打掃，衣物隨便丟也沒有關係。或者是父母師長曾有要求，卻沒有指導如何整理，加上大人自己不能以身作則，甚至做錯誤示範，才使得不少成年人至今「還不會」整理環境。

若想有效率地整理東西，有什麼規則可循？

1. **使用合適的收納用具**：要選擇合適的文件夾、檔案櫃、置物櫃等良好的工具，來置放各式物品。雖然做不到日本節目「住宅大改造」的神奇收納及空間利用效果，也可效法其精神。當然，這類收納用品不要買太多，以免製造了新的垃圾。

2. **建檔**：將桌面、書架、櫥櫃等要放置哪些書籍、文件、用品等，依照自訂的規則建檔。例如前述的「最速件」、「速件」、「普通件」或不同的「工作時程」，還有「A計畫」、「B計畫」等。任何文件、物品都要依照有效率的規則歸位，才能提升生活效能、發揮物品功能。

依此類推，**電腦裡儲存的文件、檔案或收到的電子信件等，也應定期清理；**必須留存的資料，一定要依規則建檔儲存，如此才能達到效果與效率並重的目標。

02 時間管理基本功——時間單位的規劃

學習時間規劃要腳踏實地，唯有一步一腳印的規劃及執行，才能慢慢調整到最適合自己的步調。

時間單位的意義

學習時間管理的基本功，要從「時間單位」的認識與規劃開始。「**時間單位」是指，做某件事「一次」預計使用的時間**。剛開始學習時間管理，建議以二十至三十分鐘為一個時間單位。也就是說，一個小時可安排兩、三件事情，這時就需要借重「計時器」（有「倒數計時」功能）。如同大俠需要「寶劍」一樣，時間管理則需要計時器的輔助。

為什麼需要安排時間單位？為什麼一小時內要安排做兩、三件事？因為，一件事的完成若需要兩、三個鐘頭，一鼓作氣做完，會覺得十分疲倦。若中間被其他事務干擾，又會沒有心情或靈感再做下去。長此以往，就養成沒有足夠的時間就不能做事，或一旦被干擾就無法繼續工作的壞習慣。不僅浪費許多時間，工作態度也會變得消極、拖延。結果常以「沒時間」為藉口，無法及早開始工作，也不能聚少成多、累積工作成果。

若以二十分鐘為一個時間單位，一小時可以安排三件事情，這樣的好處是：

1. 做一件事只需二十分鐘，因為時間很短，所以容易度過。
2. 一小時做三件事，相對來說，較不容易覺得疲倦。
3. 如果多件事被要求在差不多的時限內完成時，**「齊頭並進」可使每件事同時一點一滴地向前推動。**

一步一腳印的時間規劃

學習時間規劃要腳踏實地，唯有一步一腳印的規劃及執行，才能慢慢調整到最適合自己的步調。**每次只需規劃半天，早上、下午、晚上各規劃一次，**

這樣的時間安排，確定性及可行性最高。不必一大早就規劃一整天的行程，因為，到了下午或晚上，狀況可能改變。更不必提前規劃明天的行程，因為時間規劃不是「想像」或「理想」的，而是「實用」與「可行」的。所以即使規劃得很理想，若不能付諸實現，也是空中樓閣。

以我每日的行程為例，若我下午一點要到S大學上課，依平日的習慣，早上八點以前吃早餐及看報紙，以後即可「開工」。所以上午半天在家中的時間規劃如下：

8:00	寫作 A
8:20	寫作 B
8:40	改作業 A
9:00	改作業 B
9:20	備課
9:40	做家事
10:00	寫作 A
10:20	寫作 B
10:40	演講大綱準備
11:00	做家事
11:20	看新書
11:40	備課
12:00	午餐、換衣服
12:30	出門

上述安排，可看到寫作及改作業「重複出現」，這是指「拆開」或「分散」來做的意思。這也是要改變一般人工作的習慣，把需要較長時間的工作分散來做，才不致因疲倦或覺得時間不夠，而影響工作的效果與動力。

有時我是上午有課，中午與學生吃飯、個別談話，回到家約下午兩點多。這時我會依當時的身心狀況，決定先午休一下或繼續規劃下午三點至六點的時間運用方式。晚上則自八點規劃至十點，十一點上床睡覺。

時間規劃與執行間的落差與突破

時間規劃完成後，因臨時干擾而無法依照預定進行時，該怎麼辦？此時必須客觀的面對現實，這只代表你還不夠瞭解自己與環境，或高估了自己的能力及毅力。也可能太理想化了，沒有預估到臨時發生的干擾。所以，只要**在干擾過後重新規劃就可以了，不必過度沮喪**。

工作上因電話及臨時交辦的事務、家人的要求等，干擾到原先規劃的行程時，要知道這些**「干擾」是正常的，不必抗拒**。應對的方式包括：盡快完成交辦事項、技巧性的拒絕、減少干擾的程度、規劃一段不受干擾的時間，或將「干擾」納入時間規劃之中。

除了每天的時間規劃之外，也要考慮一週的身心狀態。如週一不要太累，週日要有足夠的休息。不要連著幾天都很忙碌，中間要有喘息的機會。若以音樂的強弱拍來看，週一至週日可安排為：漸強、強、漸弱、漸強、強、漸弱、弱。

今日時間管理表

下列「今日時間管理表」可放大影印自我練習，或修改為適合自己的格式。若你原有的備忘錄即有類似的設計，可繼續使用熟悉的表格。表格中尚有其他欄，其作用如下：

1. 今日最重要的事：即今日必須完成的要事。
2. 今日預定達成的目標：即今日工作的目標。
3. 今日時間管理之心得（含績效與檢討）：初學者可利用此欄位，對時間管理作自我檢討或激勵。

今日時間管理表　　月　日　星期

8:00		16:00	
9:00		17:00	
10:00		18:00	
11:00		19:00	
12:00		20:00	
13:00		21:00	
14:00		22:00	
15:00		23:00	

【今日最重要的事】

1. ____________________

2. ____________________

3. ____________________

4. ____________________

5. ____________________

【今日預定達成的目標】

1. ____________________

2. ____________________

3. ____________________

【今日時間管理之心得（含績效與檢討）】

____

____

____

03／如何「靈活」運用時間？

唯有靈活的運用時間，才能兼顧人生的各項需求，應付所有難、易、動、靜的事情。

時間管理＝靈活的運用時間

時間管理初學時，建議以相同的時間單位來做每一件事情，通常是二十或三十分鐘為一個基準。但在熟悉時間單位的運用技巧之後，則可彈性切割，依事情的性質或複雜程度、進展情況，以及個人的身心狀態，分配不同的時間單位。如五到四十分鐘，均可作為時間單位，各有不同的功能與效果。

《五至十分鐘的時間單位》

1. **可用來做「不想做」或較困難的事情：**對於不想做或較困難的事，可規劃五至十分鐘為一個時間單位。因為時間很短、容易度過，雖然只做了一點點，但比一直逃避、不動手要好得多，而且具有建設性。對自己及別人均有了交代，也可累積工作成果。這個方法可幫助你熬過困難，發現原先覺得困難的事，其實並沒有想像中可怕。

2. **可用在工作的「開始階段」**：俗稱「萬事起頭難」，一般人以「反正還有時間」為由，暗地裡一直拖延、不想開始工作。所以，工作的開始階段，以五至十分鐘為時間單位，雖然時間很短，卻能「逼著」自己動工。

3. **可用在複雜度較高、需「長期進行」的工作**：例如寫作，就可以運用這種方法。許多人以為寫作需要靈感，文思泉湧就可以日以繼夜，反之，等不到靈感就無法動筆。其實不然，就算很有靈感，寫個四十分鐘還是需要變換別的工作，或從事休閒運動。千萬不要一直寫，否則寫到腸枯思竭，就會「大起大落」，一個字都寫不出來，或作品的品質不佳。反之，即使一個字都寫不出來，也要強迫自己在五至十分鐘裡「任意」的寫。其實，寫作真的不能只憑靈感，只要訂定了大致的章節，就不應浪費時間在等待靈感。**邊寫邊修改，靈感自然就能在短時間內「逼出來」**。

《十五或二十分鐘的時間單位》

十五或二十分鐘，乍看沒有很大的區別，其實效果仍然不同。若以十五分鐘為一個時間單位，則一小時可做四件事情；二十分鐘為一個時間單位，只能做三件事。所以藉著縮短時間單位，雖然只縮短了五分鐘，也可增加工作的效率。由此彈性調整，可以練習與習慣縮短時間的做事方法。

《三十或四十分鐘的時間單位》

三十到四十分鐘，在時間管理上已屬較長的時間單位，可用在下列幾種狀況：

1. 比較需要專心進行的工作，運用較長的時間單位則能一氣呵成。
2. 比較上手的工作，利用較長的時間單位則效果顯著。
3. 工作要收尾時，需要一段較長時間為事情做圓滿的結束。

但無論怎麼切割，一個時間單位都不要超過一個小時。時間單位過長，工作的效果及效率都會下降，反而得不償失。

靈活運用時間的必要與好處

唯有靈活的運用時間，才能兼顧人生的各項需求，應付所有難、易、動、靜的事情。所以說，時間管理等於靈活的運用時間。以我為例，寫作、出外運動，時間單位可為四十分鐘。改作業、備課、擬演講大綱、洗衣服、在家運動等，時間單位則為二十分鐘。反正該做或想做的大小事、公私事、內外事，都可以靈活規劃。好像玩時間遊戲一般，伸縮、收放自如。當你能面面俱到，把所有事情都規劃進去且處理完畢時，會覺得很輕鬆、很有信心。**當時間可以靈活運用時，兩個小時就很好用，可以任你創造各種組合，**例如上午十至十二點，基本型可參考下頁規劃。

在安排時間規劃的過程中，除了下頁的組合之外，也可試試其他組合，再比較效果，找出最適合自己、最有效率的規劃方式。

10:00～10:15	收發電子郵件
10:15～10:30	洗衣服 1
10:30～11:00	寫作 A
11:00～11:15	洗衣服 2
11:15～11:30	打電話
11:30～12:00	寫作 B

在時間的靈活運用中，「計時器」扮演著重要的角色。以「倒數計時」的方式，依自訂的時間單位來計時，時間一到，計時器即會發出聲音提醒。剛開始使用計時器，就算時間到了，仍會想要把眼前的事情告一段落，而無法立即停止、進入下一個工作，這是正常現象，不必焦慮。時間管理的學習，本來就需要一段時間的調適。但要記得，是我們在管理時間，而非時間在管理我們，一切均操之在我。若無法達到原先的規劃目標，只代表還有調整的空間，不代表時間管理失敗，不必灰心、自責。仍要**勉勵自己，儘量按照規劃去做**，這樣，時間管理才有價值、才是助力。

04 如何做短、中、長程計畫？

聰明的人可以折服別人，高明的人卻能擺平自己。

從中長程計畫開始

任何年齡都有「忙、盲、茫」的問題，學生時代在聯考前後煩惱如何填寫志願？讀大學後掙扎著要不要轉系（甚至休學重考），以及如何修雙學位、輔系、學程等？大學畢業後還要不要讀研究所？

社會人士一樣有「找不到人生目標」的困惑，不知道自己到底要什麼、適合什麼？其實，不管眼前是失意或安定，如果不能「訂定目標」、「達成目標」，仍會逐漸喪失自信，覺得生活空虛。

有個電視廣告說：

爸爸的個性很強，開車時就算迷路也不肯跟人問路。媽媽的個性很迷糊，開車在同一個地方轉了十幾次也渾然不覺。幸好車上裝了衛星導航，從此爸媽都能依循指示，正確、迅速的到達目的地。

這段廣告很符合生涯規劃的兩種極端狀況，爸爸是那種自以為目標永遠正確，不論現況多糟，也不肯認錯、改變的類型。媽媽則是另一極端，沒有目標的亂兜圈子，一直犯錯卻不自覺。

生涯規劃也需要「衛星導航」，即所謂短程、中程、長程目標。可惜，市面上沒有出售「生涯衛星導航」，所以這種目標導航，還是得靠自己。

但是，在我國聯考制度影響之下，幾乎所有學生都為聯考而活，以為考上明星學校就算擁有成功的人生。然而考上明星學校後，成功的假象可能逐漸幻滅，如王文華在〈向下開的櫻花〉一文中提醒：

考試的滿分，跟學習的滿分、工作的滿分、人生的滿分，是完全不同的事情。它們需要不同的條件、心態，和能力。

考到好學校，頂多只算具備了「硬實力」。然而，擁有「軟實力」或「軟性技能」，才能真正有效地「學以致用」。

考上明星學校，不一定就能具備軟技巧，還是得繼續努力。其實不論是否就讀明星學校，充實自己的軟實力，都是重點。

將短、中、長程目標具體化

生涯規劃的首要，是訂定五到十年的長程目標，其次才是一至五年的中程目標，最後才能清楚知道自己一年之內的短程目標。也就是先從大處著眼，才知道眼前的一週、一個月、半年該怎麼規劃。

以大學生來說，四或五年的學習時間其實很短，若大一用來休息及玩樂，一年很快就過去了。大二若未及早思考未來的方向，茫茫然又度過一年。大三再懊惱一年，大四則等著畢業。那麼，整個大學幾乎都浪費掉了。十八歲進入大學時，就要設想十年後預定達到的長程目標。接著規劃大學四或五年期間的中程目標，最後才是大一、大二、大三、大四等，每一年的短程目標。

此外，一定要將**短、中、長程目標及預定達成的方法「訴諸文字」**，而且**描述得愈具體愈好**。並將完整的書面計畫，拿給相關及重要人士「修正」，廣泛聽取正反面的意見。但意見或建議是否適用，仍要由自己來判斷及決定。因為每個人的能力、性格不同，適合別人的目標或達成計畫的方法，不見得適合自己。

接著再**從計畫的實踐中，檢驗及修正原先的想法**，才能逐漸找到最適合自己的短、中、長程目標。訂定目標的前提是——充分認識自己的長處及短處，這樣才能有正確的定位。以此為基礎，才能訂出切合自己條件的目標。多看一些「趨勢」及「創新」方面的書籍，幫助自己「日新又新」、「以變為常」，才不致落伍而不自知，或浪費時間去抗拒改變。

時間管理的真正意義，就是為了達成短、中、長程目標。不看重時間管理的人，多因沒有具體化的目標，才不覺得該好好規劃時間。於是一直蹉跎光陰，生活愈來愈空虛。一旦發生變局（如失業），即會不知所措。

長程目標是指十年後期望達到的理想狀況，範圍包括：身心健康的維護、英語或日語等能力的檢定、就業的專長訓練與證照（包含第二、三專長的培養）、在職進修、轉業準備、建立家庭、人際溝通技巧的增進、更高學歷的追求或出國留學、旅遊計畫等。將這些目標分散在四、五年內進行，每一年要達到什麼程度，就是中程目標。長程及中程目標確定了，眼前跨出的方向才不會錯誤，才能篤定的大步向前。

臺灣超級馬拉松運動員林義傑，能獲得第一屆「四大極地超級馬拉松總冠軍」，就是因為充分認識自己、發揮個人意志力，才能達成目標。他參加過的比賽及名次如：二〇〇三年中國大戈壁（第三名）、二〇〇四年智利阿他家馬寒漠（第一名）、二〇〇五年埃及撒哈拉沙漠（第二名），加上二〇〇六年南極七天六夜二五〇公里的挑戰（第三名），總計成績成為世界第一。以南極的比賽來說，當地氣溫零下二、三十度，開賽時他就感冒了，在身體極度不適的狀態下，他還是咬牙堅持撐完全程，將青天白日滿地紅國旗送到南極。

聰明的人可以折服別人，高明的人卻能擺平自己。羅馬不是一天造成的，當我們羨慕或佩服別人的成就時，更該學習他們的短、中、長程目標與達成計畫的方法，以及堅持實踐目標的毅力。

05／如何面面俱到？

只要調配得當，一天實際可運用的時間，其實超過二十四小時。

均衡的人生

時間要如何分配，才能兼顧人生的各項需求？以每天來說，均衡的人生「理想上」應安排為：

1. **休養生息**：約十一小時，包含睡眠八小時（以晚上十、十一點至早上五、六點最為理想），以及一天當中經常的「小憩」，合計約一小時。另外，從容用餐也很重要，三餐合計至少二小時。
2. **身心健康時間**：包括固定的運動及休閒活動，這樣才能有更好的體內排毒，約二小時。
3. **工作或上學**：約十小時（含通勤時間）。

4. **良好的人際關係**：包括與家人、同事、同學、建立新的人際關係等，約需二小時（可與用餐、休閒時間部分合併）。

5. **學習與充實心靈**：自我的成長活動，如閱讀、學習新知或才藝等，約二小時（可與通勤、休閒及人際關係等時間部分合併）。

6. **修補時間**：每天結束前，預留一個「修補時間」或稱「彈性時間」，將今天未完成或明天須預備的事，一併處理好。也可以寫日記，或做些個人想要的紀錄，約需一小時（可與學習與充實心靈時間部分合併）。不僅每天要預留一小時「修補時間」，每週也要預留一天，每月要預留三、五天，每年則預留一周至十天，用來**修補未完成的計畫，才不會累積壓力，使人生得以「細水長流」、「永續經營」**。

上述「理想的一天」，總計是二十八小時。聰明的你會明白，**想要面面俱到，只要調配得當，一天實際可運用的時間，其實超過二十四小時。**

然而，均衡的人生容易流於「太理想」，也就是「不可能」的同義詞。大家都有一堆看似「不可撼動」的理由，「支持」與「原諒」自己無法兼顧休閒、運動、與家人相處、學習新事物、早睡早起、從容用餐等重要的事，陷入「心有餘而力不足」的處境。

當年我讀博士班時，因無法兼顧學業與家庭，所以開始學習時間管理。如今仍極力維護人生的各個面向，設法保持均衡的生活。運動、休閒、深度學習、家人相處、子女教養、人際關係的重要性，其實超越了事業發展或工作成就。或者說，這些生活面向的圓滿，才是個人自我實現的基礎，否則，只是外強中乾。**時間管理，就是學習如何兼顧生活的所有面向，從「理想的一天」進而發展成「理想的一生」**。不要讓自己一直活在無可奈何當中，形成了「習得性的無助」(learned helpless)，也就是因多次失敗而產生無力感。

不能因一件事而犧牲其他事

如果過於投入或耽溺於某件事，或因眼前已有一堆事情待辦，於是一再犧牲其他早就該做或想做的事情，如此更加得不償失。

人生各項需求相互競爭之下，**第一個犧牲的往往是最親近的家人**。因為時間有限，所以愈快得到自我滿足的活動，愈被排在優先的位置。如：工作的成就、上健身房、吃美食、睡覺等。極端的「利己主義」，導致對父母、手足、配偶、子女等，愈來愈疏於關心、照顧。

以親子關係來說，父母由於忙於工作或想要的目標，於是只在自己「方便」的時間親近子女，如：下班後、上班前或心情較好時，而非孩子最需要父母關懷、傾聽的時間。

不少家長將孩子交由外傭、保母、安親班、電視、電腦遊戲等「照顧」，使父母的功能逐漸弱化。然而，研究發現，**「缺乏父母督導」，是造成青少年暴力犯罪的主因**。

第二個犧牲的是我們服務的對象，包括直接、間接的，知道或不知道的對象。因為時間不夠，特別是專業人員、工程師或安全設計人員，如果沒有「很用心」，匆促做出決定，將影響到無辜者的安全。

求取知識需要深入、系統化，所以很「花時間」。但是，多數人只願花較少時間，取得應用性最高的知識。而需要「長時間」的專業研習與閱讀活動，即因此衰退，結果會因**對未來的投資太少，而無法維持個人的成長**（國家的未來亦然）。知識愈少則犯錯愈多，對別人造成的傷害也愈大。

第三個犧牲者就是我們自己，當時間不足時，休閒活動、人際交往、擔任義工等，會被歸類為無法立即獲得效益的負向活動。其實，它們都具有非常高的價值。大家心裡仍希望別人以禮相待、希望多與朋友相聚暢談、能收到溫馨的祝賀卡與貼心小禮物等。有一天，我們也會成為被照顧者，因此，**如果今天我們不在這塊有價值的領域上「深耕」，日後誰「肯」來照顧我們呢？**

所以，學習時間管理除了可以有效利用時間之外，更重要的是不要隨便犧牲別人、家人及自己。

06 創造時間的效果與效率

彼得．杜拉克說：大部分的人只關心把事情做對，卻忽略了是否做對的事情！

先問效果再談效率

時間運用的首要前提是：做值得做的事。管理大師彼得．杜拉克（Peter Drucker）說：「大部分的人只關心把事情做對，卻忽略了是否做對的事情！」所以，做任何事情之前，**應先問效果，再談效率，這樣的效率才真正有價值**。否則做得愈多，只會覺得愈累、愈慌。因此，當我們覺得不快樂、精神空虛時，就該靜下心來思考，判斷目前所忙的事情，是否正確或值得做？

排斥時間管理的人，多半誤解效率的意義，以為是：貪快而不精、疏忽計畫、毫無條理，結果只會事倍功半，甚至白費時間。其實真正的效率是從容不迫、不疾不徐、心平氣和、穩當可靠，這種工作及生活態度包括：

1. 細水長流，而非一股作氣。
2. 平穩成長，而非暴起暴落。
3. 限時工作，而非超時工作。
4. 計畫周詳，而非邊做邊想。
5. 寧靜喜悅，而非急躁匆促。

效率比努力重要

效率比努力重要，所以做事應求「得法」，如：

一、讀出效率：

除非必要，否則摒棄精讀。不是所有書籍都需要精讀，大部分只要看重點，甚至略讀即可。閱讀前如果未加判斷，一視同仁的精讀，不僅浪費時間、沒有效率，更糟的是把握不住重點，讀得毫無效果。

若想大幅提高學習效率及效果，可嘗試同時閱讀性質相似的多本書籍。

我讀大學及研究所時，常運用這個方法，將同一科目、不同作者所寫的教科書一式擺開，再比較同一理論或專有名詞，各家不同的寫法，然後截長補短、融會貫通，就不必花時間死記了。

依此類推，當我讀到某位喜愛作家的作品時，如史懷哲、琦君、張愛玲、白先勇等，就盡量將他們所有的作品（包括自傳及別人寫他的傳記）都找來讀，這樣會覺得更深入、更有味道。日前讀到《祕密》一書，剛開始不能掌握書中「心想事成」的法則，於是也找了其他相關著作一起閱讀，總算豁然開朗。

愛迪生(Thomas A. Edison)所以能成為發明大王，與他的閱讀技巧密切相關。每一次他要開始一個新的實驗時，不管其理論基礎有多困難，他都會先把所有相關著作一一讀完。有一次，他為了研究打字機的一個零件，就把圖書館中相關的書籍都借來，在與廠商約談前的一個晚上讀完。之後愛迪生的助手試著把他讀過的書讀一遍，竟然花了十一天的空餘時間。

不少作家都因熱愛閱讀，從中讀出效率及效果，之後自己成了作家。例如：張愛玲、瓊瑤、J・K・羅琳 (J.K. Rowling)、駱以軍、九把刀等。

二、生活作息的效率：

以吃來說，為了儲備一天的活力，早餐要豐盛，午餐要吃飽。晚餐則因要與家人共聚，給家人期待感及達到溝通、聯誼的效果，所以餐點及氣氛更要用心設計，量少但精緻。

以穿來說，為建立自我形象，給人留下良好的印象，也必須注重。雖然穿戴合適不一定會帶來成功，但穿戴不當卻注定失敗。工作上的穿著必須提前準備，一次可規劃一週的衣著，以排列組合的方式，創造出多種變化。前一晚即應準備好明天的穿戴，包括髮型、飾品等。就像新聞主播一樣，可以將套裝、胸花、飾品，男士則為襯衫、長褲、背心、領帶等，作為搭配的「金三角」。**「凡事豫則立，不豫則廢」**，不管明天或下星期要做什麼，都要提前安排。**在時間較足夠、心情較輕鬆之下，考慮的面向也會較周全。**

三、工作的效率：

以我教學工作的「備課」來說，需隨時記錄上課的相關事項，如：擬定教案、作業要求、學生提問項目、交代事項等。為免遺漏，可為每一門課準備一個本子及一個可背式的環保袋，隨時想到什麼，就將相關資料及作業放入袋內或記錄下來。演講及工作坊部分，我則以一場演講準備一個牛皮紙袋的方式，其他作法均與備課相同。

我的工作主要是授課與寫作，所以平時要不斷閱讀、蒐集資料、與學生會談、訪問相關人士等，才能維持每週十五小時課程、每月二十場演講、每年出版兩本新書所需。你可依此類推，針對目前的工作或角色等經常性的例行工作，準備相關的資料夾。為了培養自己的實力與自信，應提前且長期的準備。

四、人際關係的效率：

「平時不燒香，臨時抱佛腳」是沒有用的，人際關係的經營亦然。真正有效率的人際互動，須靠平時的功夫，如：送個小禮物、寫張卡片問候、經常聯繫與聚會等。即使是至親手足，「禮物」仍是拉近彼此距離的良方。例如出去旅遊，順道帶回當地的特產送家人好友。特別的用心與付出，可增進夫妻關係、親子關係、朋友關係、顧客關係、親戚關係。例如：為配偶準備精緻的早餐、安排生日及特殊節日的慶祝方式、貼心的協助與關懷等。

真正的效率不是「及時完成」，而是未雨綢繆、放長線釣大魚、預防勝於治療、物超所值等。**所以，該做的事，晚做不如早做；該說的話——讚美、感謝、鼓勵、道歉……，晚說不如早說。這樣做，才算真正發揮了「效率」的精髓。**

07／不再遲到與拖延

最有效的時間管理是「明日事，今日畢」，甚至「後日事，今日畢」，而非「今日事，今日畢」。

時間運用的安全範圍

最有效的時間管理是「明日事，今日畢」，甚至「後日事，今日畢」，而非「今日事，今日畢」。因為，「今日」可能會拖到凌晨十二點，一不小心就到了明日，結果公主變成了灰姑娘。與人合作時，為了「配合」別人的需求，應把「期限」提前一兩天，好讓別人安心、開心，覺得你是個守信、可靠的人。不但可以建立良好的個人形象，增進彼此的關係，更能促進日後合作的機會。

可以藉著對別人的承諾，「借力使力」，給自己若干「壓力」，以克服人性怠惰、拖延的弱點。答應別人的事情，因故無法如期完成時，應在截止日期之前，儘早與對方商量延期事宜，並請求對方的原諒與協助。

約會或會議可能遲到時亦然，應先行告知，不讓別人空等、焦急。延期或遲到若是情有可原，當然無可厚非。然而，一個重然諾的人，不會在事前輕率答應，之後又遲到與拖延。

我在撰寫碩士論文時，一開始犯了「輕易許諾」的毛病。我告訴指導教授賈馥茗先生，某月某日會交第一章論文的稿子。結果時間到了卻因寫不完而要求延期，請求老師的原諒。當第二次我又輕諾及毀約時，恩師說：「你確定什麼時候能交稿，再告訴我確切的日期。」從此我就「借力

使力」，以告訴老師何時交稿，作為自我督促的壓力。

畢業後去馥茗恩師家探望她時，剛開始也隨口說：「這個禮拜天中午十一點去看您。」結果十一點多才到達。兩三次之後，恩師就說：「你是十一點到我這兒，還是十一點從你家裡出發啊？」我「一點就通」，以後十一點整，準時出現在老師家門口。

與人約會或開會，提前五到十分鐘到達，除了使對方安心外，還可以增進好感、使開會更有效率。反之，等候遲到者而讓人生氣或焦急，不僅破壞了心情，還可能因時間不足，使開會時無法充分討論，或因拖延了會議結束的時間，而耽誤之後的行程。

時間倒推法

要如何做到「在時間運用的安全範圍內」，準時赴約或如期完工呢？這就要學習「時間倒推法」。也就是「**以終為始」，以最終目標的時間點做為開端，倒推回去的時間安排**。

例一：早上九點鐘陽明山教師研習中心的課，若要準時上課，時間倒推法的安排是：

九點　準時上課

八點五十分　提前十分鐘到達教室（與承辦人員「洽公」或打招呼，先到教室準備相關教材教具及測試電腦設備）

七點三十分　開車上路（從新店家中到陽明山，不塞車也需一小時車程。正常狀況下應預留十分鐘彈性時間，若是交通尖峰時間，或對所去之處不熟悉時，更要多留時間緩衝）

七點十分　換衣服準備出門

六點四十分　吃早餐

六點二十分　起床盥洗

例二：下午一點十分世新大學的課程，要準時上課，時間倒推法的安排是：

一點十分　準時上課

一點　提前十分鐘到達教室（安置相關教材教具及測試電腦設備）

十二點五十分　抵達停車場（走入教室約需十分鐘）

十二點二十分　從家中出發（從新店家中到世新木柵校區，不塞車約需十五分鐘）

十二點　換衣服準備出門

十一點三十分　午餐

除了一天之內的行程安排外，一段時間後要完成的工作，也可用時間倒推法來進行。例如要寫某刊物的文章八千字，約定八月十日交稿，時間倒推法的安排是：

八月十日　交稿日

八月八日　將電腦稿件傳送出去（至少提前一、兩天完稿）

七月十日　開始寫作

七月一日　蒐集、閱讀資料及擬定草稿

若以一本書的完成來說，八萬字、預計四月三十日交稿，時間倒推法的安排是：

四月三十日　交稿日

四月二十八日　完成全部稿件以電腦傳送出去。

四月十五日　全書完成，開始各章修正及調整

一月十五日　彙整各章內容

乍看之下可能會覺得奇怪，怎麼可能三個多月的時間，就完成一本八萬字的新書呢？那是因為一本書在正式寫作前，已做了相當多的「前置作業」，包括：

1. 資料蒐集：包括期刊、論文、剪報、書籍、網路資訊等靜態資料，以及訪問、實驗、觀察等動態資料。

2. 舉辦與寫作主題相關的課程或工作坊：編寫學習手冊，整理學生作業與教學檢討等。

3. 撰寫相關文章：平日的寫作與新書出版計畫相結合，所以早已開始動筆。

前置作業時間至少需要一年，甚至長達三、五年。累積的素材及寫好的文字，會比新書預定的字數多很多，所以真正的寫作只相當於「東風」（孔明所說：「萬事具備，只欠東風」），也就是依照「核心觀念」、「章節安排」，將準備好的眾多素材及文字，加以改寫與統合。

剛開始練習上述「時間倒推法」時，會花費頗多時間來思考及修正；但經驗多了之後，就能篤定的安排進度了。有了妥善的安排，心情才能安定。當然，計畫與實際的進度之間，仍會因臨時狀況而生變，**俗稱「計畫永遠趕不上變化」。但不能就此否定計畫的意義與用處，反而更要加強計畫的周延性。**因為，「計畫」乃是「自主權」的宣示！

試著將目前正在計畫中的事項，利用時間倒推法，把時間進度規劃出來。另外，也要規劃上班、上學不遲到的「時間倒推」喔！

08／躍過時間管理的障礙

不懂取捨、不夠自我肯定、無法拒絕別人等，都是一種無所不在的內在干擾。

時間管理即是自我管理的考驗

時間管理的學習，即是自我管理的考驗，由此可加強自我認識與改變。例如，眼前待辦的事項若持續累積，似乎怎麼做都做不完時，就得暫停一下，詳加「檢視」目前的工作進度，找出問題的原因，如：不懂拒絕、效率太低、拖延、做太多無關緊要的事、不懂授權分工、工作次序不對、工作方法不佳等。這些原因的背後，可能是個性的問題，如：

1. 完美主義：為求做得更好，於是不能及早開始、及時收尾。
2. 過度樂觀：以為「兩三下就能輕鬆搞定」，於是輕易承諾。

3. 缺乏自信：不敢拒絕別人，於是被交付的工作愈來愈多。
4. 情緒不穩或多愁善感：經常沒有心情工作，於是未完成的工作愈來愈多。

我們必須自我了解，才能對症下藥。**這種檢視工作，就像做生意的「盤點」，要定期進行**。當桌上、架上、抽屜有「一堆」自己都不清楚是什麼的東西時，就該進行盤點。前帳未清，不再欠帳。千萬不要將「做不完」、「沒時間」，變成自我可憐、遭受迫害的藉口。

找出「時間消失」的元兇

找出「時間消失」的元兇，如：

1. 不想做的事：別人強迫的事，或自己沒興趣、沒意願的事。
2. 不該做的事：屬於別人的事、無關緊要的事，或屬於自我放縱的事。
3. 不能做的事：能力所不及，或有違道德、法律的事。

以「別人強迫的事」來說，若對方是客戶、老闆、好友，常常會覺得難以拒絕。當「濫好人」的結果，通常是事情做不完，把自己累得半死。答應後若做不到、做不好，反而耽誤了別人，也損及自我形象。吃力不討好之下，自己也會懷疑：為什麼要將時間隨便奉送？是不是欠缺自信？或是渴望別人的讚賞？

不懂取捨、不夠自我肯定、無法拒絕別人等，都是一種無所不在的內在干擾。「拒絕」需要學習，也要考慮對方的感受、維護既有的人際關係。有個不錯的方法，就是先準備好所有的理由，將它寫下來，等需要拒絕別人時，才不會找不到足夠的理由。所以要多想幾個理由，以免拒絕時態度不夠堅定。

此外，還要養成一個好習慣，遇到事情不要急著進行，先冷靜幾分鐘，想清楚到底「要不要做？」若是大家共同的事，則要思考如何分工。學習「留些事情給別人做」，不僅自己節省時間，也增加別人參與的機會。而且在良性競爭、眾志成城之下，士氣及成果均會更好。

這種檢視工作的積極意義，是讓自己有時間做「該做」、「想做」的事，以及培養能力，增加「能做」的事。想做的事就要去做，即使只做一點點，持之以恆也會「滴水穿石」。倘若繼續「空想」而不親身實踐，就會造成心理壓力且浪費人生。持續、深度的學習後，增加「能做的事」，可使實質或心理上的成就感更為飽滿。

時間管理的挫敗

時間管理是需要學習的，沒有人天生就會。面臨時間的規劃做不下去、有挫敗感，是十分正常的現象。只要經得起挫折，就能愈挫愈奮，否則就成了「半途而廢」的藉口。例如，做了時間規劃，但卻無法在時間單位內完成預定進度，是否要進行下一件？這是學習「時間管理」時，最常見的問題。

事情做不完可能因為時間安排得不好，或須改變工作的方法。而且，正確的工作方法，本來就不是一氣呵成，而是分段進行，以及多項工作交替進行。並非一定要做完一件事，才能進入下一項工作。如果抱持做不完就不進行下一件事的想法，只會耽誤工作進度，使更多事情無法如期完成。所以，還是要遵守原先的安排，時間一到立即進行下一件事。

有恆為成功之本，如何持續進行時間管理？要想成功就得下定決心，必要時找人來「逼迫」自己。每次我主持時間管理工作坊時，都「一則以喜，一則以憂」，喜的是，那麼多人重視時間管理、想學習時間管理。憂的是，很快就會有人放棄，而且是多數人放棄。大多數人難以深入體會時間管理的精髓，無怪乎會說，有恆是成功的要素。

學習時間管理的過程，必然會遭遇障礙，考驗我們能否「堅持到底」。「宣布放棄」比「超越障礙」容易得多，但仍**希望你撐過去！熬下去！**養成時間管理的好習慣，將為你帶來無盡的「好康」。

跳躍吧！
時空青年！
跨越時間
的障礙！
如何讓懶人振作?

09／停止浪費時間

如果不在乎短時間的流逝，累積起來就是「大損失」。

浪費時間等於暫時死亡

日常生活中，不管我們常講自己有多忙，其實仍然任意的讓時間流逝。例如，當別人說：「耽誤你一分鐘」，如果我們不在乎、不珍惜這「一分鐘」，就可能白白「奉送」許多寶貴的時間。

拖延，也是浪費時間。不要認為遲到一、兩分鐘或賴床十分鐘，以及作業晚交一、兩天，沒什麼關係。因為，**如果不在乎短時間的流逝，累積起來就是「大損失」**。做事沒有方法、拖拖拉拉，不懂得省時省力、事倍功半等，都是在浪費時間。

最可怕的是，過於悠閒度日卻不認為是浪費時間，也辜負了自己的才能。

當然，這種人多半是菁英分子或「退休人士」（以退休心態來工作者亦納入），覺得自己做得已經夠多了、該休息了。但有句話說：「你可以做得比現在更多。」(You can do more than you do now.) 也許五十歲以前，你為自己及家人做得夠多了，是該好好休息了；但是為了實現自己的夢想、學習新事物、回饋社會、幫助陌生人等，五十歲開始做，正是最有體力及智慧的時候呢！

時間病毒

日常生活的許多細節，潛藏著時間病毒，我們必須一一把它揪出來，以免平白浪費多時間，例如：

病毒一：無所事事

看連續劇可當作休息或娛樂，但要適可而止。若用來「殺時間」，或成為唯一的休閒活動，就十分可惜。報紙雜誌可當作瞭解社會百態、蒐集資訊的媒介，但不必每篇都認真細讀或隨之情緒起伏。另外，聊天談心固然可以促進人際關係，但若變成孔子所說：「小人群居終日，言不及義，好行小慧，難矣哉！」言之無物，就是俗稱的「沒有營養」了。

病毒二：電話時間

辦公室應設定打電話一次的標準時間，家中可於電話旁放個小鬧鐘或計時器以自我節制，以免毫無效率的拖延時間。打公務電話，應先將相關資料、重點及擬定的方案準備好，以免一面講電話一面找資料（甚至找紙筆），或在電話中再來請示長官，讓好幾個人的時間一起「陪葬」。主管則可請祕書過濾電話，或授權其他同仁回覆，以減少自己講電話的時間。如今還可善用電子信箱作為輔助，或使用電話答錄機，也可節省許多電話時間。

病毒三：會議時間

造成會議冗長的原因如：遲到、發言人數太多、資料說明時間太久、對某個提案爭論不休、未設定會議結束的時間等。所以應對症下藥，如：會議要準時開始、相關資料應在會議召開前幾天發送閱讀，開會時要求簡短表達、及時制止情緒性的爭論、確實遵守會議程序、嚴格執行會議預定結束的時間。也可試著將以前習慣進行兩小時的會議，縮短為一個小時，這個改變也可節省不少會議時間。

病毒四：不速之客

不速之客來訪時，應先弄清楚事情的緩急輕重，判斷是否要當下晤談。若對方的談話雜亂無章，不妨直接問明事由；有必要才繼續討論，否則即應停止會談。例如可技巧性的說：「現在分不開身，等之後約定時間再談」或「我正要出去，所以只能簡短交談」。想減少不速之客的方法，以辦公室來說，可以拿掉多餘的椅子，或放一張坐起來不太舒服的椅子，以免對方久坐閒聊。另外，站著說話也會較快結束對談，尤其在門口說話更能快速結束。最後，不要使辦公桌朝向門口及通道，「門戶開放」政策，會使我們沒時間處理更重要的事。關上門窗或以盆栽、書櫃等隔開視線，是必要的措施。也可請祕書、同事幫忙，過濾掉不必要的訪客。

病毒五：溝通不良

團體的成員之間若欠缺溝通，造成誤會甚而反目成仇時，有形無形就耗費許多時間在爭鬥及生氣上，之後還要再花時間來調適心情、收拾殘局。工作或家庭隱約出現了看似不算嚴重的溝通問題時，可先「小題大作」的共同討論一番，以免日後坐大。上司交代業務若聽不清楚，一定要立刻求證，並陳述己見，以免做錯了而重做，或因不確定如何做而猶豫不決、徒勞無功。若認為這個工作不需要或不值得做，也必須當場向上司表達。

說話沒效率，也算溝通不良。所以向上司報告，要言簡意賅，說對方想聽的重點。與人見面談話，要盡快將事情辦妥，不要拖拖拉拉，說了半天還沒說到重點。

病毒六：不懂拒絕

同事的委託，不必因人情壓力而全部答應。除了浪費自己的時間、耽誤自己的工作之外，也會愈來愈難拒絕。新進同事或「濫好人」類型的人，常「順便」幫同事寄信、存款；更嚴重時還公私不分，受託買便當、買飲料，甚至接送小孩，使自己的時間大量流失。

病毒七：進入狀況太慢

「開機時間」太久，可用來比喻進入狀況太慢。有人在辦公室裡待了一個鐘頭，卻一件事情也沒做。例如：八點進辦公室，邊喝咖啡邊和同事聊天，再看十五分鐘的報紙，如此一來，已經八點四十五分了。浪費一小時與浪費一整天沒有兩樣，更何況天天如此！另外，開會及其他工作的準備不足或不夠積極，均會導致進入狀況太慢，耽誤自己及團隊的時間。

日常生活中，你還發現哪些浪費時間的病毒呢？趁他們尚未完全侵蝕掉你的時間之前，趕快消滅它們吧！

10／如何如期完成？

情願「浪費」一些時間構思「行動規劃」，才能「節省」更多時間，避免落入「忙、茫、盲」的惡性循環中。

為何總是趕趕趕？

如果問：「對於時間管理，你有哪些需要改進的地方？」相信很多人的答案會是：希望早日擺脫「趕趕趕」的困擾。他們不解：

為何行事曆上總有排不完的活動？

為何總是在趕進度，卻仍舊無法趕上工作的最後期限？

為何老是在做救災、滅火的工作？

為何新工作不停地進來，就是無法拒絕？

這樣的生活，使他們不僅有了「過勞」的傾向，更無暇及無心從事社交活動或休閒活動，也愧對自己的家人。但在競爭及失業的雙重壓力之下，只能身不由己、馬不停蹄的繼續「趕路」。眼前都應付不了，哪還敢想什麼「美好的未來」！

如果一直在做緊急卻不一定重要的事，一定要先停下腳步，好好檢討及增進自己時間管理的功力。**情願「浪費」一些時間構思「行動規劃」，才能「節省」更多時間，避免落入「忙、茫、盲」的惡性循環中。**

多做「重要但不緊急的事」

不想讓事情變成「重要且緊急」或「不重要但緊急」，就需要多做「重要但不緊急的事」。「緊急的事」通常是被動因應別人的要求，「重要的事」才是自己主動的規劃。所以，正確的工作態度不是等主管分派工作，或別人催促了才做，而是主動找事做，並且注重工作的程序與方法。如：

一、提前開始：

該做及想做的事，不論是擬草案或實際進行，愈早開始愈好。不論做多做少，都能因開始行動而且經常的做，而感覺心情篤定，考慮更周詳。除了「慢工出細活」之外，也預留了修正及調整的空間。

想要「準時到達」，最好的方法是「提前出門」；同樣地，想要「如期達成」，就要「提前開始」。其實，「提前達成」才是真正的「如期完成」，提前十分鐘到達，才算「準時」。養成「提前開始」的工作習慣，「如期達成」的成功率就會提升，進而「提前完成」。工作的效率及效果，自然會超越別人許多，也能超越自我。

事情都能如期完成，對自己可以增加信心，完成的夢想也會愈來愈多。對別人，則會覺得與你合作愉快。這個雙贏策略，值得好好學習。

二、分段進行：

把工作分成幾個難易不同的小工程，拆開來分別完成，不僅覺得頭腦較為清楚，同時也減輕了事情的困難或複雜度，增加如期完成的自信心。

將較複雜的事情「分段完成」，除了容易進行外，「產出」的品質也較佳。

以我來說，批改作業若需要兩個鐘頭，想集中一次改完，則可能在一個鐘頭以後效率開始下降。更不要說，在疲倦及急於完成的心情下，效果漸漸變差。學習理論也說，「分散學習」（分幾次學習）的效果，優於「集中學習」（一次全部學完）。其他如寫作業、準備考試、寫企劃案、修改論文等，均適合分段完成，這樣才能從容不迫、思慮周詳。

三、按進度表進行：

不管工作的期限為何、時間有多少，首先要做的就是排出進度表。從工作的開始到完成，依邏輯順序或段落，訂出詳細及精準的時間表，並且嚴格的按進度執行。進度落後時，必須重新考慮工作的方法或改變工作的目標，盡可能不要以「延後完成」當做首選。非到萬不得已而需要延期時，延後的時間愈短愈好。進度表的安排，有一個重要的訣竅，就是將完成的時間提前幾天。

當年，我的論文指導教授賈馥茗先生，提醒我要「嚴格按進度表進行」。

進度稍有落後時，要設法追趕過來或調整寫作的內容，才能如期完成博士論文。

其實，恩師指導的方法及督促，讓我的論文完成日期大幅提前。當年我身兼數職，除了是學生的身分，還要兼課當老師及照顧幼子，所以不能像其他人可以讀個五、六年。「進度表」確實能創造奇蹟，這讓我日後寫作新書時，也養成了好習慣：先從大處著眼——確定章節的安排，再從小處著手——排定進度。最重要的是，排定進度的精準度要高，可行性才會強，工作才能夠如期完成，而且是提前完成。

11 事半功倍的祕訣

工作要交替安排，輪著做性質互異的事，才會更有效率及效果。

把事情拆開來做

一般人以為，最好「全心全意」做完一件事，否則就不做下一件事。這種想法在時間管理上，必須重新釐清。因為，若要一次把事情做完，會有許多不利或不易執行之處。如：

1. **需時太長：**一次做完，通常需時較長。除了要找較長的時間不容易找到外，這種長時間工作法的缺點也很多。連續同一件工作超過一小時，不僅身體開始疲倦，腦力也會不濟，效率及效果都持續下降。而且，還會壓縮到其他的事情，造成「來不及」的後果。這種一氣呵成法，只是炒短線，不能持久。

2.**只是「做完」而非「做好」**：當我們把焦點放在只想把事情「做完」而非「做好」，工作就變成「盡責任」，無法享受其中的樂趣與成就，實在非常可惜。不僅得不到工作的滿足，也會妨礙個人追求進步的動力。

3.**與現實世界的要求不合**：現實世界裡，同一時間內需要完成的事情不只一件，許多事情會「強迫」我們同時處理。事情不會排著隊，等我們一件一件來完成。

因此，要學著把一件事情拆開來，分成好幾次來做。除了可以避免倦怠，也可兼顧其他事情、不怕外在干擾，而且時間比較好安排，還能使我們珍惜時間，做事時更有活力與靈感。

多種工作同步進行

「事情拆開法」的擴充，就是學習在一段時間內，同步進行多樣工作。如一天內同時處理若干事，一個月內同時完成若干事，半年內同時進行若干事。以我來說，「每天」需要同步進行的工作有：寫作、備課、籌劃演講及工作坊、改作業、回答網路諮詢、做家事、陪女兒、閱讀新書等。相信你也是如此，需要同時滿足多元角色的要求。

以寫作部分來說，我「每年」同步進行的工作有：

1. 同時寫兩本書。
2. 固定撰寫專欄文章（並配合已開始籌劃之新書）。
3. 下年度預定寫作書籍之資料蒐集。
4. 未來三年之出版進度的規劃及籌備。
5. 已出版書籍之修訂。

以正在寫作的新書來說，同步進行的工作有：

1. 持續蒐集、記錄及消化資料。
2. 將消化後的資料，放入全書各章節中。
3. 邀請「工作團隊」（出版社編輯、插畫者、試讀者）共同討論。
4. 各章內容及文字，可先不考慮先後順序而同時寫作。

所以，並非等第一章結束再寫第二章，而是確定全書章節後，即可同步開始各章的寫作，這部分就要感謝電腦文書處理及蒐集資料的便利性了。

不僅工作上需要「同步進行」，人生的各項需求，如健康、家庭、心靈、學習、人際關係、財務、休閒等，在一天之內都得要分配到若干時間，不能顧此失彼、因小失大。

難、易、動、靜等不同的事，可交替進行

工作要交替安排，輪著做性質互異的事，才會更有效率及效果。事情交替安排的優點是：

1. **保持工作的穩定度及效率**：搭配不同性質的工作，等於讓頭腦得到休息，不需再刻意安排休息時間。工作與休息不必截然劃分，轉換工作性質，也能達到休息的功效。

2. **提高工作的效果**：複雜及簡單的事情交錯進行，會產生意想不到的效果，如：做簡單的事情時，可順便構思複雜的工作，做複雜的工作後，可立

即轉換不須動腦的簡單工作。這樣可以避免用腦過度、腸枯思竭，既可如期達成任務，又不會過於自虐。

3. **兼顧生活的各種面向**：難、易、動、靜等不同的事情交替進行，不僅效果及效率更高，而且可使個人均衡發展，兼顧生活所有的面向。

哪些活動能帶給你百分之八十的快樂

一八九七年義大利經濟學者帕列托 (Vilfredo Pareto)，提出八十／二十法則。他發現，十九世紀英國人的財富與收益模式是：**百分之二十的人口，卻享有百分之八十的財富**。將此原則轉移到時間管理上，如：

1. 參加最關鍵的活動，而不必全程參加。
2. 練習用最少的努力，達到最大的效果，也就是「四兩撥千金」。
3. 只要在幾件事上追求卓越，不必事事都有好表現。
4. 只做我們能勝任，且能從中獲得樂趣的少數幾件事。

5. 鎖定少數目標，不必汲汲於追求所有機會。

6. 人際關係和盟友方面，選擇對你的目標最有用處的。程度深厚的人際關係，即使數量少，也好過廣泛但膚淺的人際關係。

可惜現況卻常反其道而行，我們常花太多時間在不喜歡的人身上，浪費大部分的時間做不喜歡的工作。所以，**我們該努力找出，哪些活動能給自己帶來百分之八十的快樂**，就多花時間在這些事情上面。

12 小兵立大功——「短時間」利用法

短時間做事法是救命的仙丹，是困阨時的解藥。

蒐集零碎時間

幽默大師林語堂說：「說話要像迷你裙，愈短愈好。」時間運用也有類似的原則與訣竅。其實，不要小看「短時間」，五分鐘、十分鐘、二十分鐘，也可以做很多事，如：學英文、閱讀、構思、擬提案、做家事、打電話、學習新事物等。小兵立大功，利用「短時間」把某些事情做完，可以消除心理壓力。一點一滴的做事，累積的成果也很驚人。許多人常以「沒時間」或「等有時間再做」為藉口，結果一事無成。

「短時間」包含兩種意義，一種叫做「零碎時間」。一天當中常有這種「短時間」，如：過馬路等紅綠燈、去郵局或銀行辦事時排隊、約會時等朋友、下課時間等。有人說，有錢人連一塊錢都不會亂花。同樣的，時間管理高手也擅長蒐集、運用零碎時間。想要有錢，最簡單的方法是積少成多。想要累積時間，最簡單的方法也是蒐集「短時間」。你是不是注意到**自己一天之中有多少「零碎時間」？你怎麼度過或利用這些「零碎時間」？**

糟糕的是，有些人不僅不蒐集「零碎時間」，甚至還不經意地製造更多「零碎時間」。如：約會時遲到三、五分鐘，早上賴床十幾二十分鐘，工作延期一、兩天。這些零碎時間造成的損失，許多人渾然不覺。

培養短時間做事的能力

另外一種「短時間」，則是縮短工作的時間單位。時間管理高手的時間單位，通常比別人短，而且短得多。當我們嫌二、三十分鐘不能做什麼時，他們卻覺得綽綽有餘。就好像「半杯水」，在悲觀者眼裡是「只剩」半杯水，所以嫌少；樂觀者卻說「還有」半杯水，所以夠用。

你的一小時只能做一、兩件事，時間管理高手卻能做五到十件事。能利用短時間做事的人，更珍惜時間，更專心工作或學習。無形中比別人多出更多時間，可完成更多夢想。

其實，時間管理高手並不是神，只要肯嘗試，我們都能在一小時內多做幾件事。試著打破自己的紀錄，你也會覺得自己「好神」！

學習十分鐘內的「短時間做事法」，習慣之後，時間單位即可縮短，比起以二十分鐘為一個時間單位者，多做一倍的事。其實能以二十分鐘為一個時間單位做事，已經比沒有時間單位觀念者，更清醒、更有效率了。但想要更上一層樓，就得**多練習甚至養成短時間做事的習慣，從此會覺得自己「時間很多」**。對於自己「想做」及「重要的」事情，相信總有辦法找出時間來做，生活中的壓力無形中減輕很多，自信心及生活樂趣則會增加。

事情要「做好」而非「做完」，所以一次不要做太多，做事的時間也不必太長。以剪報來說，我覺得每天晚上花十分鐘剪報的效果最好。因為對於今天的新聞記憶猶新，且報紙的數量少，心情較為輕鬆。若堆積一個星期，再花兩、三個小時剪報；不但印象已經模糊，而且因為分量多，容易造成心理壓力。閱讀好書亦然，**以十分鐘來看書，不至於因為找不出時間，而一直拖延著不看**，而且短時間閱讀法，還會增加閱讀的速度。

試著開發屬於自己的十分鐘做事法，看看你可以利用十分鐘做哪些事？接著還可自我挑戰，看看五分鐘可以做哪些事？三分鐘、甚至一分鐘呢？於是，你終於不再受制於時間，而能自由運用時間了。不管手上有多少時間，都覺得足夠，不再抱怨或慌亂！

其實，**短時間做事法是救命的仙丹，是困阨時的解藥**。當工作遇到瓶頸時，就採用短時間做事法。只做十分鐘，一方面不致使工作停擺，再者也能「情急智生」，使腦筋急轉彎、柳暗花明又一村。真的！對我來說，屢試不爽！你也馬上試試吧！

13 睡得好，有多重要？

追求成就不一定要熬夜，尤其是需要長期、長時間進行的工作，更應改變方法、增加效率，而不是熬夜。

睡眠品質與人生的成敗

「睡眠品質」可左右一天的成敗，我們常高估自己的身心狀況，結果因「睡眠不足」而影響工作或學習成效。**長期睡眠不足，可能轉變成慢性疲勞，最後影響一生的健康。**

我在多所大學授課，發現愈來愈多學生上課時精神不濟，幾乎都因為睡不夠或睡不好。我國學生常常該睡不睡、該起不起，於是生理時鐘被破壞，怎麼強迫自己都睡不著。**睡眠的時間不對，睡得愈久反而愈糟。太晚上床，會因太累或擔心睡眠不足而失眠。**熬夜是糟糕的生活習慣，是毀損身心健康的大敵，除了破壞生理時鐘外，也使日子過得晝夜不分、渾渾噩噩。

長期失眠會使人煩躁易怒，判斷力、記憶力及警覺性都會變差，反應變慢，思緒錯亂，心情低落，甚至產生憂鬱症、焦慮症。生理上則會體力衰退、頭昏頭痛、皮膚乾燥、黑眼圈、免疫功能下降，還可能造成高血壓、糖尿病、動脈硬化等。

成功人士都注重睡眠

成功人士都注重睡眠，也都能培養良好的睡眠習慣。睡得好，最重要是「早睡早起」、「定時定量」。同樣七個小時，晚上十至十一點睡覺，早上五到六點起床；與半夜二至三點睡覺，中午九至十點起床，效果完全不同。成功人士的睡眠時段多半為：晚上十點至早上五點，如：美國科學家班傑明・富蘭克林(Benjamin Franklin)、德國哲學家康德(Immanuel Kant)、我國的防癌之母莊淑旂醫師等。

我以前都超過凌晨才睡，現已逐漸提前至十一點。如果一開始不習慣，可從提前半小時開始，慢慢即可調到最適當的上床時間。晚上十一點或十二點睡，好像差不多，其實心情大不相同。十一點上床睡覺，心情較從容，感到有足夠的睡眠時間而安心，第二天反而容易早起。

即使睡不好或睡得晚，也不要「縱容」自己賴床，還是要正常起床。利用休假日再補眠。但假日的起床時間，也不要與平日落差太大。

不得不晚睡，甚至需要犧牲睡眠時，該怎麼辦？一週晚睡一兩次可以接受，但不要在第二天立即補眠（晚起或太早睡）。否則，**「熬夜」之後又睡太多，會造成愈睡愈累及晚睡晚起，陷入惡性循環。**

能夠睡得好又早起，每天的時間安排才能穩定。對於該做、想做的事，才有足夠的時間完成。**「一日之計在於晨」的意義是：前一晚睡得好，起床精神自然好，有充沛的活力應付今天的行程。**反之若沒睡飽，就可能起不來，勉強起床也精神不濟、無心工作。若要等「睡到自然醒」，起床時已經中午了，還有什麼「一日之計在於晨」可言。所以，上床及起床時間不同，生活型態自然大異其趣，身體狀況及工作成果更是天差地別。

追求成就不必熬夜

追求成就不一定要熬夜，尤其是**需要長期、長時間進行的工作，更應改變方法、增加效率，而不是熬夜**。過度工作、用腦過多、壓力太大，會使人難以入眠。可惜，青少年為了升學，常熬夜準備考試。大學生為了打工、上網或順應同儕團體的次級文化，將熬夜視為理所當然。三十至三十五歲創業階段的年輕人，因為很能忍受工作壓力，即使犧牲睡眠也在所不惜，或以抽菸、喝咖啡來提神。這些都是自欺欺人的作法，未蒙其利先受其害，而且後患無窮。

還是有人「掉以輕心」，不在乎熬夜可能的危害，為了工作、學業甚至玩樂而通宵達旦，以為「透支」的睡眠，可以靠「補眠」挽回。其實熬夜一次，也許可以爭取到三、四個鐘頭，卻破壞第二天十個鐘頭的效率，更何況長期熬夜所造成的巨大損失？如：破壞了睡眠規律、頭腦及身體器官得不到足夠的修復，每天都活在睡不飽或起不來的狀況中。更因為**起床時間不穩定，或**

起床後精神不濟，每天的時間規劃跟著紊亂、欲振乏力。

睡得好，要記牢

1. 睡前一小時應停止所有「工作」：

睡前要讓頭腦休息，當然也包括少看電視。睡前貪看電視，很容易晚睡，也因對劇情「魂牽夢縈」而不易入睡。電視新聞聽聽即可，不要太認真，否則也會影響睡眠。當然，更要停止思考生活中的困擾或計畫。

2. 睡前不吃宵夜、不喝刺激性飲料：

吃宵夜不僅會囤積脂肪、增加胃的負擔，也會影響睡眠。刺激性飲料如咖啡、茶，最易妨礙睡眠。至於酒類，淺嚐即止，對於睡眠無益反害。長期抽菸也會影響睡眠，尤其半夜醒來抽菸，將難再入眠。

3. 白天的活動量要足夠：

若白天的活動量不足，晚上可能因體力過剩而睡不好。日間休息或午睡時間不可太長，以免破壞了正常所需的睡眠。

4. 臥室環境的安排：

臥室的通風、溫度、光線、安靜、味道，以及寢具的整潔、舒適等，均會影響睡眠，必須好好安排。

5. 熄燈二十分鐘後仍睡不著，則離開臥室：

睡不著時，可起床從事一些安靜且不費神的事，等焦慮感淡去或睏倦感上升，再回臥室床上。同樣的步驟重複實施，至真正想睡為止。

上述方法均無效時，應尋求外在的協助，如書籍、醫療諮商（如臺灣睡眠醫學學會、醫院的睡眠障礙門診），讓有經驗的人或專業人士幫助你。否則長期睡眠品質不佳，可能罹患憂鬱症或使憂鬱症惡化，生理及心理都會受到極大的損害。

14／早起一小時的神效

每天早起一小時，就比從前多一小時可以利用，累積起來就多出許多時間。

一日之計在於晨

一日之計在於晨，如果能掌握「早晨」這個高品質的時間——環境安靜、頭腦清晰，持之以恆從事有價值的事，如：運動、靜坐、冥想、計畫、閱讀、寫作……等，效率及效果應該很好。

日本「早起心身醫學研究所」所長稅所弘認為，晚睡晚起會損害自律神經、循環系統與呼吸系統，夜型生活的最大極限是三十歲。年紀漸大後，新陳代謝的功能日趨緩慢，修復功能也逐漸減弱。如果繼續夜型生活，與年長後的生理時鐘相反，將造成「睡眠剝奪」（即睡眠不足）。順應自然的作法，就是早睡早起。稅所弘推動「晨型人」的概念與行動，他認為只有**早上五點**

起床的人，才算晨型人，其他頂多只能叫早起。

三十歲以前，也許生理上還能晚睡晚起，但實際生活情境中，因為要很早上學或上班，而不允許晚起。如果不能早睡，就會造成睡眠不足。

對現代人來說，成為晨型人有相當大的難度。所以可從提早半小時起床開始，到了能夠早起一小時，就可以好好自我獎勵了。繼續向前進步，將早上五點鐘起床，當成最高努力目標。**只要每天早起一小時，就比從前多出一小時可以利用，累積起來就多出許多時間！**

早起一小時的用途

早起一個小時，對自己或家人來說，可固定從事一些有價值的事，由此展開理想的一天。以自己來說，每天早晨一個小時的寧靜時光，可以做的事，如：

1. 吃早餐：

在家好好的享用早餐，與趕著上學、上班而狼吞虎嚥，兩者的品質差距好大。何況有人常常來不及吃早餐，或是到教室、辦公室用早餐。但實際上不宜在工作場合吃早餐，教室也一樣，最好能改掉這個壞習慣。

2. 閱讀：

我目前主要的工作是讀書、教書、寫書，我的老師賈馥茗先生曾說：「要讀十本書講一場演講，而不要讀一本書講十場演講。」所以我需要大量閱讀，清靜的晨光閱讀，特別能夠吸收書中的精華。

3. 靜坐、冥想：

恢復內心平靜的靜坐、冥想，也很適合在早晨進行。生活在壓力愈來愈大的現代社會，若能每天給自己一段自我對話、內心淨化的時間，心靈一定更加安定與充實。

4. 創意思考：

天馬行空的創意思考，乍看之下沒有實際用途，其實十分寶貴。我思故我在，每天都應給自己一段不受拘束的想像時光，一定能激發愈來愈多的好點子。

5. 計畫：

利用晨光時間，可以進行一整天的行程規劃，或想要展開一段新計畫時，在此時把計畫寫下來，以利未來付諸實行。

6.運動：

如果能固定在晨光時間運動，除了能維持一整天的精神抖擻外，也可達到保健身心的目的，這是我目前最需落實的地方。

另外，早上還得作一件不可或缺的大事——上大號。忙碌的現代人，常「遮掩」這件別人不知，自己卻心知肚明的大事。早起先喝一杯溫開水，不久後即去排便，把這當作固定儀式，是每天必要的健康時間。

對家人來說，可以早起為家人準備營養的早餐，或一同在外共進早餐。送家人上班、上學，表達對家人的關懷。讓美好的一天，從溫暖與熱情開始。對照路上許多冷漠的臉龐，應可想像其清晨時家裡冷冰冰、冷清清的樣貌。

有目標的人才會早起

會早起的人，還有一個很重要的原因，就是「有目標」。他們知道為什麼要早點起床，因為想要快點去做目標設定的事，不捨得睡掉太多時間，還有比睡覺更重要的事情。反之，無所事事、不知人生該何去何從時，就容易賴床。即使起床了，仍是人生的漫遊者，不知道下一刻要做什麼，還不如睡覺比較沒有壓力。

注意自己或周遭的親朋好友，有沒有這類懶洋洋的人，如果有，就是欠缺短、中、長程目標的結果。要設法找些建設性的事情讓自己忙起來，不要繼續有氣無力、半夢半醒，更不要又躺回床上。可以約三五好友一起打球，或打掃房間、寫張卡片、打個電話給家人、洗個澡、唱唱歌等，讓自己動起來，成為一個有生產力的人！

15 絕不可少的「學習時間」

離開學校才是自我教育的開始，文憑只是進入社會的起步，之後更要「活到老，學到老」。

養成終身學習的習慣

有人喜歡說：「我吃過的鹽比你吃的飯多，我過的橋比你走的路多」，「活到老，學到老」對他們來說，可能「知易行難」。因為他們無法放下身段、開放心靈，不肯承認自己還需要學習。**學習是一種「自我覺察」後的行動，能覺察到自己的缺點，才會想要改進。**

公司行號任用新人時，不怕能力不夠，最怕不肯學習。因為學校所教的往往不敷工作所需，實際上需要學習的地方還很多。若不能虛心接受別人的指導，就容易與上司、同事及客戶等發生衝突。**若不能自我成長，將不利於事業的長期發展。**

工作上需要良好的「情緒管理」及「抗壓性」，需要具備「職場倫理與敬業的態度」，需要擅於溝通、建立人際關係……。不僅為了提升工作績效，更為了改善生命品質，我們應該多多投資於學習。**「學無止境」，要有系統、深度、持之以恆地學習**。擁有良好的學習態度及方法，比起先天的聰明才智更為重要。

即使獲得博士學位，所得的學識也不足以應付一生職業與生活所需。**持續的進修，才能攀登人生的巔峰**。亞都麗緻飯店總裁嚴長壽只有高中學歷，但靠著「自學」，擁有語文及觀光專業知能，而取得旅遊業的國際領隊證照。後來又從工作中不斷累積經驗與才能，快速晉升為美國運通公司臺灣區總經理，又受聘為亞都麗緻飯店總裁。由此可知，學歷的高低並非決定一生成就的關鍵。不斷的學習與進修，才能真正的成功！

終身學習的基礎——閱讀

閱讀是最方便的自學之道，父母及師長應及早培養孩子廣泛的閱讀，以

及利用圖書館的好習慣。剛開始時，先以孩子的興趣為主，什麼類別的書籍都可以讀，包括漫畫。之後再慢慢幫助孩子加深、加廣閱讀的範圍及內容（還是可以繼續看漫畫）。我非常喜歡看書，所以不斷地借書、買書，也帶著孩子一起上圖書館，幫孩子從圖書館挑書或推薦孩子好書。

讀書不只是為了學歷，更是為了終身學習。閱讀的效益極大，無怪乎有識之士一再提倡。而且，父母**如果不希望孩子沉迷於網路世界，更要及早引領孩子進入浩瀚的書海（不是只有教科書唷）**。

未雨綢繆——不斷自我更新

「聰明才智愈高者，服千萬人之務，造千萬人之福。」**在知識經濟時代，唯有全方位、多元化的知能，才足以服務人群**。所以，我們需要不斷自我更新，以我來說，包括：

1. **本行的精進**：本行是我們的根基，因時代的日新月異，本行專業若不能精益求精，一定無法持續貢獻。

2. **增加專長**：為了成為時代所需的「跨領域人才」，或是藉由科技整合來創新，甚至是為了避免失業、未雨綢繆，都需要學習新專長，以適應這個快速發展的社會。

3. **深度學藝**：我學習過的藝能包括：聲樂、瑜珈、胡琴。為了能夠深度學習，必須持續一段較長的學習時間。例如聲樂我學了三年，瑜珈學了兩年，胡琴則還要加強，下一項就來學舞蹈吧！

4. **參加優質團隊**：多與優質團隊一起從事專案研究、寫作或讀書會，藉著觀摩學習、相互討論、腦力激盪，才不致故步自封、敝帚自珍。我很珍惜兼課大學所辦理的各項活動，也盡量參與並主動認識志同道合的朋友。

5. **不斷寫作**：藉由寫作，可以遍覽相關書籍，重整原先不夠系統化的思考內涵。我要求自己每年出版一至兩本新書，以及天天「筆耕」。

學習理財

最近教育部希望中小學能加入理財課程，遭到不少人反對，有人認為窮得連吃飯的錢都沒有了，哪來的閒錢投資理財？其實，正因為沒錢，更要學習理財。理財包括省錢與賺錢，真正的賺錢要從增加自己的附加價值開始。

傳統觀念是年輕時找份穩當的工作，年老時等著兒女奉養。在今天已經行不通了，不僅因為終身雇用制不再，沒有哪份工作「必須」保障你一輩子不愁吃穿。而且，兒女也不一定有錢孝敬你。所以一定要時時檢視自己的財務狀況，常問：

我具備或儲備了哪些能力，可以不失業而且財運亨通嗎？

我有哪些收入？還有多大的成長空間？

跟哪些人在一起，會讓我更有錢？

我的博士學位只花了兩年九個月即取得，自己頗為心虛。恩師提醒我：離開學校才是自我教育的開始，文憑只是進入社會的起步，之後更要「活到老，學到老」。恐怕要到生命終點，才能從人生大學畢業吧！

16 運動與休閒的「身心修護時間」

寄情於休閒活動，即可將不愉快盡情抒發；或因而轉移注意力，化消極為積極。

留得青山在

運動及休閒活動，屬於「身心修護」的範圍。每天運動，才能維持健康及活力。有運動習慣的人，因為體會到運動的好處，所以「非做不可」。運動可以釋放神經系統累積的壓力，減輕憂愁和焦慮。最好從事伸展性或舒緩型的運動，不要太過激烈，以免得到反效果。但精神萎靡、渾身無力時，則應選擇振奮型運動，藉以增強生命活力，讓身體能量處於平衡狀態。

運動和情緒關係密切，**當你感到「懶洋洋」或「全身無力」時，可視喜好及需求，選擇舒緩型或振奮型運動，**就是不能坐著不動！運動會造成我們生活的改變，改變又能帶來更多快樂。例如：

1. 不僅身體健康，外表也會變得漂亮。
2. 為了運動而早起，比從前睡到八、九點，多出更多時間。
3. 運動後體力變好，更有活力做想做的事。有體力及自信後，可以一個人去冒險，不必跟著旅行團出國玩。
4. 運動後情緒安定，能比較輕鬆自在地面對別人，包括令你頭痛的人。藉由運動抒壓，能沒有煩惱地開懷大笑。
5. 運動後更有精力（活力及腦力），容易獲得工作的成就感，繼而找到工作的意義。
6. 以運動會友，可以結交一群以前不可能認識的朋友。

經常開車的人，若能調整為有時坐公車或搭捷運，就可增加走動的機會。應將運動與日常生活結合，可惜一般人大多將運動與生活劃分開來，不是「缺乏運動」就是「過度運動」。國人養成運動習慣的比率不高，多數人不肯運動。有人繼續逞強（其實身體狀況是「外強中乾」），有人自欺欺人（明天再開始運動），更有人乾脆放棄運動。其實每個人都應選擇一、兩項適合自己、有興趣，不受年齡、場地、人員限制的運動，加油！

休假後，工作效率更高

將休假排入生活計畫中，「定期休假」工作效率會更高。「一定要」適時放鬆，以免「因小失大」，造成體力不濟、彈性疲乏。發展出屬於自己的興趣或休閒，將使人生更豐富。許多成功人士都很重視休閒活動，如孔子、史懷哲、辜振甫等。

孔子的授課科目「六藝」——禮、樂、射、御、書、數，「樂」（音樂）及「射」（射箭）即等於休閒活動。辜振甫的傳記《勁寒梅香》中，女兒辜懷群在《後序》中提到：

爸爸很喜歡狗，……喜歡飼養錦鯉，……喜歡園藝，……喜歡打乒乓球，……喜歡健行，……喜歡游泳，……很會打高爾夫，……喜歡旅行，……年輕時出版過小說，也寫過不少詩。……喜歡繪畫，……喜歡攝影，……喜歡聽古典音樂，……德文歌唱得相當好，……最喜歡京劇，擅唱老生，造詣極佳；近年登臺演出過「借東風」、「空城計」、「文昭關」、「二進宮」。

⌛

最親密的家人對辜振甫記憶最深刻的，竟是休閒活動。從嗜好所得到的樂趣，比起外在的榮耀更踏實。辜懷群說：「爸爸生前受到各國領導人頒贈的一等大勳章共五個，一流學府頒贈的榮譽博士學位有八個，其他各式各樣國內外的勳章無數，……他在逝世當天穿著中式長袍入殮，一個勳章也沒帶去。」

生活中難免有不如意，卻不一定能找到合適的人傾訴，或別人聽了也不一定瞭解箇中甘苦。**寄情於休閒活動，即可將不愉快盡情抒發；或因而轉移注意力，化消極為積極。**休閒活動看似沒有經濟效益（甚至還需要投資），但從中獲得的樂趣，唯有志同道合者才能心領神會。

休閒教育的價值

我國的休閒教育並不及格，學習才藝也是為了讀音樂班、美術班。至於最簡單的嗜好——閱讀，因升學主義掛帥，致使除了課本之外，其他都被歸為沒用的閒書。

我的女兒十分喜愛漫畫，在高中擔任動漫社副社長。如果我不准她看漫畫，不知她的人生會變成怎樣？我們的親子關係又會如何？女兒說，若我禁止她看漫畫，她會變得很不開心，而且會「設法」（不惜說謊）在動漫社逗留，而且時間愈來愈長。女兒覺得如果我阻止她看漫畫，會妨礙她的人生發展。

從小學到大學，父母師長常以「為我們好」為由，要孩子將注意力放在升學上。當我們想做自己有興趣的事，就會被催促著趕快去讀書，韓愈說：「業精於勤，荒於嬉。」使大家誤將休閒嗜好打入嬉戲之列。其實**休閒活動**

有許多收益，可以安定心情，可以改變情緒，諸如音樂、美術、雕刻、書法、集郵等，都強調情感的融入及美的感受。

從休閒活動中學得的才藝，雖不是為了謀生，卻是豐富生活、受人歡迎、拓展人際關係的利器。而且，**「無心插柳柳成蔭」，說不定還能變成個人的第二專長，成為工作的助力。**

不少人持續數十年蒐藏，以成立博物館為目標，目前已成立的有螃蟹、獅子、玩具等博物館。現在，選擇一項休閒活動吧！將它訂為一項人生夢想，努力去實踐它。

17 工作與幸福人生的平衡

當幸福感與目前的工作相衝突時，我仍鼓勵你「取」幸福感而「捨」工作。
但不論如何，千萬別忘了離職的初衷——要幸福喔！

為了工作而犧牲家庭

每日的時間安排，如果**不能兼顧人生所有需求，通常是因為工作時間太長的關係**。第一個犧牲的往往就是家庭，不僅減少了與家人相處的時光，連工作上產生的負面情緒，也不由自主地遷怒於家人。很多擔任主管的人，誤以為經營家庭比經營公司來得容易。「掉以輕心」的結果，常讓家人相處不良的問題累積而坐大，造成無法彌補的遺憾。

為人父母要切記：「孩子的童年只有一次」，當他步入青少年以後，會離父母愈來愈遠。要把握有限的親子時光，多培養感情。為人子女者也要切記：

「樹欲靜而風不止，子欲養而親不待」，當我們打拼事業時，父母也漸漸老去。等賺到了錢，想帶父母出國旅遊時，他們已經玩不動了，何不趁現在陪他們吃頓飯、談談心。

給孩子帶便當吧

越來越多的工作者，包括高薪的專業人士和高階主管，都遭遇士氣低落、油盡燈枯以及生活品質降低的問題。但他們不肯承認，自己的人生已與當初最重視的價值——家庭，大相逕庭。例如，錯過孩子的生日、結婚紀念日，或是其他日子的家庭聚會。如果連一年一度的生日、紀念日、節日都可以錯過，遑論日常生活的例行公事，像是三餐了。如今，**便利商店、早餐店、便當店、速食店等，已輕易取代了家庭的功能**。

我的女兒讀小學時，校長請求家長為孩子準備早餐，或至少陪伴孩子用早餐，不要讓小朋友在教室吃早餐。除了怕孩子忽略營養，也擔心小朋友拿早餐費買玩具、打電動。於是我開始早起，為女兒做早餐或陪她在外吃早餐，進而乾脆陪她走路上學。讀國中後，她的學校僅在一路之隔，不必陪她上學，但還是每天早起與她一起吃早餐。

女兒小學六年級時，表示吃膩學校合作社的外賣便當，所以我開始為她做午餐的便當。至今她已經高二了，仍然天天帶家裡準備的便當。除了飯菜較有變化外，其中的「愛心」更是難以計數。她可憐的哥哥除了小學時吃學校的營養午餐外，國高中我都給他飯錢（幾乎包含三餐），讓他在外自己打理。回想起來，這種方式**不僅忽略了他的營養，也無法讓他藉由食物感受到母愛**。

其實，只要想做，給孩子帶便當並不困難。不僅是母親，父親也應及時思考能為孩子做些什麼？不要再錯過時機！除了拉近家人的身體距離外，更重要的是可增進心理的親密感。多找兒女談話、多聽兒女說話，對於配偶，則要接納、尊重。良好的親子及夫妻溝通，是人生幸福的重要功課。除了照顧子女、配偶，更別忘了孝順老爸老媽喔！

工作選擇與幸福感

工作的選擇，會影響我們的生活作息、人際關係、休閒活動、家庭品質，進而左右個人的身心健康。一旦選擇錯誤，或是工作中有無法紓解的痛苦時，都會牽連到生活的其他層面。

工作的不愉快，主要來自覺得自己不適合這份工作，尤其當我們得到上司的提拔而擔任主管時，如何有效管理員工，成為行政工作中最困難的部分，往往弄得人精疲力竭，花了很多時間處理之後，還是徒勞無功。讓人不免懷疑：為了一份工作，真的值得投入這麼多嗎？不只是時間、精力的損失，還有幸福感的消逝。如果無法在工作中得到快樂，或為了工作幾乎快得憂鬱症，就該仔細思考要不要停止這份工作？繼續下去會不會浪費人生？

以我來說，曾經擔任S大學的師資培育中心主任，因為少子化的關係，教師缺額大幅減少、流浪老師愈來愈多，所以大學生想要從事教職的意願跟著減少。我考量到形勢比人強，再怎麼努力也難以挽救局勢。加上當時擔任行政主管，面臨力有未逮、無法解決的困境。當現實狀況與我的理想相去愈來愈遠，辭職是最好的辦法。也順便徹底轉變生涯跑道，從專職者成為自由工作者。以我的專業與志趣，同時從事寫作、教學與演講三份兼職工作。

所以，**當幸福感與目前的工作相衝突時，我仍鼓勵你「取」幸福感而「捨」工作。但不論如何，千萬別忘了當初離職的初衷——要幸福喔！**

18 「量身訂做」的時間管理

聖嚴法師很善於規劃時間，他認為：如果不計畫、白白讓時間過去，這叫蹉跎歲月。

沒有時間計畫，就是蹉跎歲月

德國哲學家康德，在歌尼斯堡大學任教時，自訂嚴格的生活作息；包括：起床、寫作、講課、師生談話，以及吃飯和散步的時間。他每晚十點上床睡覺，早上五點起床，三十年來沒有改變過。每天早上七點準時外出散步，當地居民還按他的行動來校對時間呢！德國大詩人海涅 (Christian J. H. Heine) 曾說：「我已經不相信城裡大教堂的自鳴鐘，能勝過它的市民康德啦！」

聖嚴法師很善於規劃時間，他認為：**如果不計畫、白白讓時間過去，這叫蹉跎歲月**。雖然他一年到頭沒有週末、假日，卻覺得自己的時間比別人多很多。一樣的時間，他能比一般人做更多的事。

我們雖不似聖嚴法師這麼「理智」，但還是應該知道：為什麼要學習時間管理？

1. **因為算不準時間**：例如約會或開會，若因「算不準時間」而即將遲到，一路飆車、趕得要命的結果，還可能發生危險。此時的時間管理，就是把到達約會或開會地點所需的時間，以及路途中可能的變數都計算出來，才能防患未然。

另外，若到了交件時間卻交不出來，必須加班趕工，不僅身心俱疲，還可能因為「趕出來」或「做完了」的品質不好，影響了個人及團體的信用。這時的時間管理，就是規劃嚴謹的「工作流程圖」，避免自己怠惰及拖拉。

2. **因為工作的暴食症或厭食症**：有人總把事情想得太簡單，以為「三兩下就能搞定」，所以不夠努力。結果做出來的成品經不起考驗。若又逞強、不肯認錯，就會斷送了之後的工作機會。還有人自稱喜歡「一氣呵成」，工作時像個拚命三郎，不做完不罷休，像是得了工作的「暴食症」。緊接著又得了工作的「厭食症」，提不起勁再做下一件事。這種暴起暴落的情形，使得工作的表現時好時壞。

3. **因為不想身心崩潰**：我們畢竟不是超人，要懂得掌握自己的身心狀況，不要自不量力或體力透支。若一大堆事情沒做，在別人的聲聲催促中，難保心情平靜。所以，既然該做的事一件也逃不掉，何不主動安排工作進度，以免壓力過大，造成身心崩潰。而且別人看到我們「抗壓性」不足後，也不敢再交付責任，阻絕了我們升遷與成長的機會。

別忘了磨斧頭

許多人對於時間管理，是既期待又怕受傷害。「期待」是認為透過時間管理，可以大幅增加工作效率；「怕受傷害」則是擔心被時間管理所控制，使生活變得緊張甚至機械化。認識我的人多半會問：「大家一天都只有二十四小時，你如何能在有限時間內做那麼多事？」

其實答案很簡單，就像聖嚴法師認為自己的時間比別人多，能做的事也比別人多。我只是覺得不應蹉跎、浪費時間，此外，更該學習怎麼節省及創造時間。所以，不要一直砍樹，卻忘了磨斧頭喔！

⌛

學習時間管理的過程，難免會有許多疑問，如：

1. 要練習多久才會成功？
2. 與個性的積極或消極有關嗎？
3. 會否變成「為了時間管理而時間管理」的形式主義？
4. 能連續好幾小時保持高昂的工作及讀書情緒嗎？

幸好上述疑問對我來說已是苦盡甘來、豁然開朗，因為：

1. 只要方法對了，時間管理很快就能成功，不必像少林寺的練功，需要歲月的累積。
2. 個性消極的人更要以時間管理為助力，來增加自己的執行力。
3. 時間管理的彈性很大，可依自己的需要而變化，絕不應形式化。

4.只要不同的工作調配得宜，就可保持數小時高昂的工作或讀書情緒。

如今，時間管理已成了我生活中不可或缺的部分。**只要你不放棄，時間管理也能為你量身訂做、終身服務。**

大家一起學習時間管理

當自己的時間管理漸入佳境，即應鼓勵別人一起學習時間管理。因為，別人的時間管理欠佳，也會間接消耗我們的生命。例如：約會時間是十點，那麼等待的時間範疇即為九點五十分到十點十分，過了時間就要「狠心」的離開，讓對方嘗到「自然懲罰」的後果，不敢再隨意遲到。否則自己也要鄭重表明「拒絕遲到」的態度，以免因等待他人而浪費自己的生命。

「時間不夠的人」需要時間管理，其實「時間太多的人」更需要時間管理。否則會把焦點放在不適當的地方，反而增加別人的困擾。所以，要設法讓「閒人」忙起來，找到正確的目標，展開行動去實現夢想。

二〇〇九年，達賴喇嘛來臺為八八風災的受災朋友祈福，與單國璽樞機主教有一場公開的對談。高齡八十七歲的單國璽說，他在三年前得知自己罹患肺腺癌後，就提醒自己要「分秒必爭」，並自稱是「廢物利用」。他的一番話令人感動與振奮，我們還在猶豫什麼？好好利用時間，讓生命發光發熱吧！

19 如何協助兒童與青少年時間管理？

時間管理，是你送給孩子最豐富的生命禮物，是教導他釣魚的技巧！

相信孩子可以自動自發

父母都希望孩子能做好時間管理，又擔心孩子不能自動自發，需要大人督促。其實，時間管理就是自我管理，如果認定孩子必須有人督促才會行動，那麼就算教了孩子時間管理，仍是被動遵從父母的指示。若不相信孩子能自己進行時間管理，一旦孩子脫離父母的管束，就會更加放縱，做不到真正的時間管理。

其實，孩子是能夠自動自發的，如果他**有了確切的目標，並且想要實現它，就會自動自發**。所以，父母要幫助孩子確立「幾個」明確的奮鬥目標，激勵孩子瞭解努力的價值。但一定要因材施教，依據孩子的能力及興趣，找出適合他的目標，不需要跟別人做比較。

不是每個孩子都適合靜靜的坐在書桌前「鑽研」學問，有些孩子比較喜歡實際操作或到戶外蹦蹦跳跳。二〇〇八年，奧運舉重比賽獲得銅牌的我國選手陳葦綾表示，自己並不喜歡讀書，但願意在舉重訓練上吃苦耐勞，最後終於獲得母親的支持。得到跆拳道銅牌的宋玉麒，他的教練就是自己的父親。父親也願意協助宋玉麒並且陪伴他，走向屬於自己的成功之路。

幫助孩子接近目標的方法，就是依他目前的狀況，找出稍微高於程度的階段任務。當階段目標達成後，再把標準向前調高，千萬不要操之過急，給孩子太大的壓力。

孩子能達到預設的目標固然好；達不到，也要珍惜這份「自動自發」的態度，不要因此灰心。要安撫孩子受挫的心，不讓他因一次失敗就誤以為自己很差勁，喪失繼續努力的動力。其實，**只要「多設幾個」想要追求的目標與夢想，繼續的「自動自發」，就不會有所謂的失敗了。**

父母要多付出時間，才能瞭解孩子、幫助孩子。若忙於自己的事業而疏忽孩子，孩子就會因生活空虛又缺乏目標，最後為了找尋寄託而「誤入歧途」，因打發時間而從事不好的活動。

小學就可以開始學習時間管理

與其問「小學階段可不可以學習時間管理？」不如說，小學就該開始學習時間管理。當然還是要由父母師長教導、示範，原則如下：

1. **標準不要過高**：不必限定什麼時候學會，或要做到什麼程度。畢竟孩子的專心程度或體力有限，進步緩慢也沒關係。學習時間管理是播種、灌溉及施肥，千萬不要揠苗助長。

2. **目標不要太窄**：不要將時間管理的用途限定在學業上，還應指導孩子規劃運動、休閒與人際互動的時間。時間當然也需要用在玩樂上，玩樂需要規劃時間，才能取得生活的平衡。

3. **要信任及鼓勵孩子**：指導孩子如何規劃時間之後，要讓孩子嘗試自我管理，例如，讓孩子以「今日時間管理表」（詳見一三四頁）練習時間的規劃，並運用計時器執行時間管理。有進步就要鼓勵，而且要相信他能愈做愈好。不要因為受不了孩子動作慢、偷懶或犯錯，就斥責及否定孩子，使他不願意再學習時間管理。

4. **要以身作則、注意身教：**父母師長要孩子口服心服，最好的方法是以身作則。絕對不能雙重標準，只要求孩子好好利用時間，自己卻不做時間規劃。不准孩子浪費時間，自己卻隨心所欲。

如果大人能與孩子一起學習時間管理，將更瞭解學習過程中會遭遇哪些困境，以及設法突破後的成就感，於是更能鼓勵自己及孩子堅持下去。學習時間管理會半途而廢，多半因不能自我檢討，只怪罪或誤解時間管理。所以父母師長與孩子一起有恆心的學習，共同解決困難，效果一定更好。

學習時間管理，沒有真正停止的一天

孩子讀到國中、高中、大學後，不同的階段仍需要繼續學習時間管理。

時間管理只有「更上一層樓」，而沒有結束的一天。父母師長及早帶領孩子進入時間管理的世界，耐心教導孩子學好時間管理，日後的獲益將無法限量，這是你送給孩子最豐富的生命禮物。時間管理的技巧，就是教孩子釣魚的技巧。繼續信任及鼓勵孩子，並且以身作則喔！

20 時間管理，永遠有進步的空間

時間規劃的進步空間很大，好可以更好，一定要嘗試再嘗試。

擺脫「太忙」的惡性循環

變得「太忙」的原因很多，如：

1. 長期睡眠及運動不足：造成體力不濟、心情不佳，腦袋較不靈光，做事較不俐落。
2. 動作慢或不能把握重點：於是累積的事情愈來愈多。
3. 拖延或完美主義：遲遲不能開始工作，遲遲無法結束工作，最後事情愈拖愈多。
4. 不懂取捨、不敢拒絕：做了太多不屬於自己的事，承攬太多超過自己能力及時間的工作。

5. 做事的順序或方法不對：多走了冤枉路，甚至做錯了、白做了，耽誤不少時間。

所以，**如何從「太忙」變成「不太忙」，進而「不忙」、「有時間」、「提前完成」，時間管理還有許多進步的空間。**

使用時間，也是一種投資

聰明的時間使用者，懂得「花時間」尋求「省時間」的方法。因為時間比金錢寶貴，金錢遊戲輸了，錢可以再賺。但時光消逝，就永遠不會回頭。所以如何選擇效益較高的時間目標，就值得好好思考、練習與調整。如：

1. **一件事可同時達到多少效果？**工作上的商業午餐、早餐會報，或到風景區召開年度主管會議、在職進修等，兼具進修、聯誼、會議、酬賞等多種目標。以我來說，用心準備演講大綱或課程計畫，可增加口碑，使演講與課程的邀約源源不絕。做一件事不僅考慮如何擴及其他領域，也要考慮對日後的影響。也就是說，**一件事情做好了，就可以少做許多事**。例如：寫作時，不必每篇文章都重新開始，可改寫之前的作品。演講也不必每場都重新擬定大綱，可增刪相關題目的大綱。

2. **做一件事時，還可同時做其他哪些事？**例如：做家事可同時聽音樂、聽新聞報導、唱歌、思索問題、構思計畫、運動等，看電視可同時運動、與人聊天、按摩等。時間使用要朝「多功能」角度思考，投資任何時間之前，要先設想更多邊際效益。

3. **可否有更好的時間規劃？**時間規劃後，不要急著進行，再想一想，有沒有更好的安排。以洗頭髮來說，如果怕晚上洗頭髮不乾，或早上髮型會亂，又沒有較多時間把頭髮吹乾及定型，可改為早上洗頭髮，即能解決上述困擾。再者，思考一個小時至半天之時間運用的各種組合，哪一種組合最為理想？總之，**時間規劃的進步空間很大，好可以更好，一定要嘗試再嘗試**。

該快要快，該慢就慢

做家事也要有效率，以三餐來說，只要善用烹煮用具與方式，如悶燒鍋、快鍋、烤箱、電鍋等，就無需一直待在廚房、拿著炒菜鏟子，又可以減少油脂吸收、節約能源。

然而，真正的效率是以效果為前提，不是事情做得快就好，應該是「該快要快，該慢就慢」。例如與家人用餐就不能「速食」，而是要兼顧營養、口味的「慢食」。燉煮時要慢工出細活，進食要細嚼慢嚥。每天須好好安排家人用餐的品質與時間，維持健康、溫暖的家庭氣氛。依此類推，聰明的你一定發現，「慢活」比「快活」更「樂活」。

該慢的部分還包括人際關係的經營，良師益友是人生最大的財富，他們無私的「金玉良言」，引導我們走向正確的人生方向，甚至少奮鬥十年。人際關係這項財富，不必靠機率、幸運，就一定能中大獎。對人際情誼的「一分耕耘」，往往會「物超所值」。例如，跟你的「生命成長團隊」一起散散步、到海邊或河岸喝杯咖啡、邊登山邊聊天、寫張生日卡（或其他賀卡）、精心挑選一份禮物、準備一道拿手好菜餐敘、定期的讀書會、經常探望等。**對人際情誼的時間付出，一定會醞釀出如美酒般的芬芳。這就是「該慢的事」，急不得！**

良好的時間管理＝自我突破的空間

時間管理的真正阻力來自個人，**解決時間管理的困擾，就是自我突破的展現**。如：

1. 心情不好就不想工作。
2. 被打斷後就無法繼續。
3. 無法控制外來的干擾。

4. 覺得沒有自主權。
5. 被團隊中其他人拖累。
6. 家人是自己夢想的阻力。
7. 逃避不想做的事。
8. 找不到志同道合者。
9. 無法下定決心好好休閒運動。
10. 沒辦法依時間規劃做事。
11. 下班回到家或假日時不知道要做什麼。
12. 三分鐘熱度、半途而廢、紙上談兵……。

想想自己，看看別人，你周遭一定有人已經完成了進修、旅遊、學習新技能……等種種夢想，而且隨時活得朝氣蓬勃、興高采烈。快去「借力使力」，用挪移大法把他的功力轉移到我們身上來，讓自己也成為一個不斷進步的人吧！

雖然實際上還沒完成
但你先休息吧!
ZZ…
計劃
我完成了，我會時間管理了(說夢話)

【LIFE系列】

陪孩子走出情緒障礙

臧汝芬／著

您對孩子的情緒問題束手無策嗎？
只要有正確的治療與管教，
情緒障礙兒也能快樂長大！

什麼是情緒障礙？孩子有情緒障礙該怎麼辦？父母又應該扮演什麼樣的角色呢？在兒童的心理疾病中，情緒障礙是很常見的一種，卻往往被父母與師長所忽略，以為孩子種種看似不聽話的行為，是故意搗蛋、作對。本書作者依據多年來在兒童心智科的專業看診經驗，以淺顯易懂的文字與案例，帶領父母認識兒童的情緒障礙。書中不僅分析各種情緒障礙兒童常見的症狀，並提供指引與建議，讓父母能及時掌握孩子的情緒問題，引導孩子表達和管理自己的情緒。對於為人父母與教育工作者而言，本書絕對值得一讀！

【LIFE系列】

養出有力量的孩子（含冥想練習有聲CD）

王理書／著

父母之路，也是修行之路。
回歸到愛的方式，就是最有力量的教養之道！

有別於一般親職書羅列各種有效管教孩子的技巧與方法，在本書中，作者以長年擔任親職輔導者和身為母親的融合角色，分享縝密整合後的親職理念，以及自身真實發生的親職故事。作者紀錄親職生活中的點點滴滴，親子間的對話有著生命的真實與純粹，讀來令人溫暖、感動、省思與成長。沒有任何一本書能給父母教養孩子的標準答案。回歸到愛的方式，就是最有力量的教養之道，誠摯地邀請您一同進入這場豐盛的親職之旅！

【LIFE系列】

幸福在我之內

王理書/著

再也不會不幸福了，
因為，我已從無常的外境浮沉中穩住，
轉向內在永恆的幸福之光。

幸福，是人生中重要的追尋目標，但幸福到底在哪裡呢？幸福很遙遠嗎？每個人都能夠擁有幸福嗎？本書將揭露幸福的祕密——幸福在我之內。本書作者依據多年來心理諮商、心靈修行、工作坊的經驗，剖析現代人追尋幸福的盲點，藉由實際案例與自己的親身經歷，帶領讀者從承認、看見、相遇、實踐愛的步驟中，看到幸福的可能，並深刻體認到：幸福的努力，不只是外在的追尋，更是內在的修行。幸福在我之內，強調幸福與否由我來決定——當我在愛中，當我用愛來開啟行動，我就是幸福。這本書，是深遠細膩的幸福修行，能賦予心靈能量，啟動幸福的開關，幫助你深入內在創傷，找回愛與和平。幸福在我之內，就從這裡開始。

【LIFE系列】

會做人，才能把事做好

王淑俐/著

「人」只有兩撇，寫起來簡單，做起來難！

想成為人氣王？讀完本書，保證打開人際溝通的任督二脈，讓你人際魅力百分百！想成功領導團隊？將本書當作個人進修的讀物，可以預防及化解工作上不必要的人際紛爭，增進團隊合作！想要情場得意？與情人分享本書，除了可以讓彼此更瞭解對方，更能使感情加溫！
本書包括四大溝通主題：會做人之必要、溝通技巧實作、職場倫理與溝通、兩性相處與情愛溝通。內容兼具理論基礎及實務經驗，自修、教學兩相宜。讓您一書在手，從此困惑全消、茅塞頓開，化身溝通人氣王。

【世紀文庫】

寄居者

嚴歌苓／著

我很卑劣，愛情很高尚，因而我通過卑劣而實現高尚……

故事發生在四〇年代的上海，
一個在美國出生、上海長大的華裔女子，
一個剛逃離集中營來到上海的猶太難民，
一個為了實現夢想到上海淘金的美籍猶太人，
是什麼樣的因緣際會，
讓這三個飄零浮沉的「寄居者」，命運相互交錯、牽連？
又是什麼樣的情感，
讓人們毀掉對愛情的原始理解和信念，也在所不惜？

【世紀文庫】

美人尖

王瓊玲／著

張愛玲說，生命是一襲爬滿蚤子的華袍。
在被爬蟲逗弄得全身發癢之際，
你是奮起抵抗還是消極放棄？

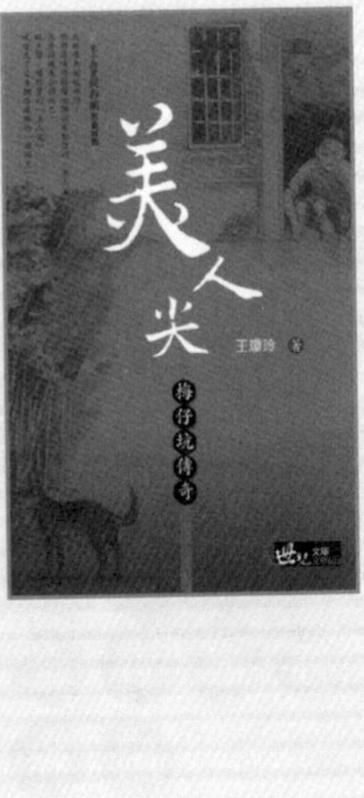

十六歲的阿嫌，懷抱著青春的浪漫，嫁到了財大勢強的李家。然而，才隔幾個山頭，她額頭上旺夫家、積財寶的「美人尖」，卻成為婆婆眼中需要攔路破解的「額頭叉」，甚至招來「石磨倒挨」、家破人亡的詛咒。盛怒的阿嫌決定反擊，甘願以爆美如花的一身及一生為賭注，開啟她鬥爭不斷的人生……

【世紀文庫】

團扇

韓 秀/著

烏雲壓頂，閃電劈開濃重的黑暗，卻未曾讓一場壯烈的海上激戰變得清明。水波不興的幽長歲月，暗潮洶湧，不但捲進了許多人、許多事，更將臺海兩岸、北美與歐洲也一道捲了進來。淡墨寫意，較之電閃雷鳴更為深沉地勾勒出人間圖景。

20世紀60年代，兩岸仍處於詭譎雲湧、一觸即發的緊繃狀態，兩艘臺灣軍艦欲趁風狂雨猛，偷渡特務到對岸進行情報工作。因為內奸的出賣，全體官兵幾乎死傷殆盡。部隊長胡嵩詮將軍在臺灣成為殉難的英雄，實則是在大陸經受百般刑求逼供、下放勞改。將軍的妻子秦淑娉始終相信自己丈夫仍然健在；將軍的妻弟也不放棄，親身涉險，足跡踏遍大江南北。一場歷時數十年、營救胡嵩詮將軍的任務於焉展開……